更好的阅读

以爱为名的支配

愛という名の支配

[日]田岛阳子 —— 著

吕灵芝 —— 译

国际文化出版公司
·北京·

图书在版编目（CIP）数据

以爱为名的支配 /（日）田岛阳子著；吕灵芝译. -- 北京：国际文化出版公司, 2024.9（2025.4 重印）
ISBN 978-7-5125-1599-4

Ⅰ.①以… Ⅱ.①田…②吕… Ⅲ.①妇女学—通俗读物 Ⅳ.① C913.68-49

中国国家版本馆 CIP 数据核字（2023）第 246520 号

北京市版权局著作权合同登记　图字 01-2024-2968 号

AI TO IUNA NO SHIHAI by TAJIMA Yoko
Copyright © Yoko Tajima 1992
All rights reserved.
Original Japanese Paperback edition published in 2019 by SHINCHOSHA Publishing Co., Ltd.
Chinese translation rights in simplified characters arranged with SHINCHOSHA Publishing Co., Ltd.
through LeMon Three Agency, a division of Shanghai Moshan Liuyun Cultural and Art Co., Ltd.
Simplified Chinese translation copyrights © 2024 by Beijing Xiron Culture Group Co., Ltd.

以爱为名的支配

作　　者	〔日〕田岛阳子
译　　者	吕灵芝
责任编辑	张　茜
责任校对	崔　敏
选题策划	潘　良　于　北
策划编辑	苟新月
出版发行	国际文化出版公司
经　　销	国文润华文化传媒（北京）有限责任公司
印　　刷	三河市中晟雅豪印务有限公司
开　　本	880 毫米 ×1230 毫米　　32 开 8.5 印张　　　　　　　　160 千字
版　　次	2024 年 9 月第 1 版 2025 年 4 月第 3 次印刷
书　　号	ISBN 978-7-5125-1599-4
定　　价	56.00 元

国际文化出版公司
北京市朝阳区东土城路乙 9 号　　邮编：100013
总编室：（010）64270995　　传真：（010）64270995
销售热线：（010）64271187
传真：（010）64271187-800
E-mail：icpc@95777.sina.net

前言

只要一提起女性主义，经常会得到这样的反应——"丑女多作怪""没少被男的欺负吧"。

我的女性主义原点，是我的母亲。

我的母亲十分严厉，即使她在因病卧床、无法起身的那几年，也常用二尺长的尺子责罚我。她一边吼我"好好学习"，一边骂我"光会学习有什么用，没点女人味，以后嫁都嫁不出去"。我的整个童年，都被母亲这样的话语紧紧束缚着。

我十八岁辞别父母来到东京，依旧被母亲看不见的丝线支配着。身为女人的不自由使我无法畅所欲言，无法做真实的自己。我为什么如此痛苦？为什么活得如此艰难？一定是我不够成熟。这使我痛苦万分。

我想摆脱痛苦，便努力思考、反复分析了我与母亲、我与男性、我与社会的关系。当我站在女性主义的立场上，给我自己以及全体女性所处的被歧视状况做定性分析时，我得到了救赎。为此，我花了漫长的时间。

我得以知晓，那个让我痛苦不堪的母亲，也因她的母亲而痛苦不堪。母亲和她的母亲都因为身为女性而无法过上自己想要的人生。母亲们只能通过支配自己的女儿来发泄生活中的郁愤。我没有错，母亲也没有错。

当我看见束缚女性的压抑轮回之时，我原谅了母亲，也为此前一直困惑不解的问题——女人为什么这样——找到了自己能够接受的答案。

本书讲述了我与对我影响巨大的母亲之间的纠葛，以及我在解放自己的过程中的发现。折磨女性的究竟是什么？分析其根源，我得出结论，那是支配着每一个女性的"结构性女性歧视"。

知识会带来痛苦。谁都不愿意承认自己受到了歧视。然而受到歧视的人即使想逃，也不知道自己究竟身处什么样的状况，因此逃无可逃，这样更痛苦。首先，要知道自己的处境，我认为这才是救赎的第一步。

田岛阳子

二〇〇五年十月

目　录

第一章　觉醒之后已是女性主义者

寄人篱下的屈辱是我的生存原点　　　　　　　　　　003

忍受责罚的是"反应迟钝的孩子"　　　　　　　　　　005

无法逃离讨厌的事物的"奴性"　　　　　　　　　　　007

卧床不起的母亲用二尺长的尺子责罚我　　　　　　　009

压抑的轮回，造就了家庭版"霸凌结构"　　　　　　　012

讨人喜欢的人，都为了迎合而扼杀"自我"　　　　　　016

无法逃离霸凌者的心理　　　　　　　　　　　　　　019

一边洗碗，一边因身为女性而流泪的母亲　　　　　　022

女人只有枷锁之下的自由　　　　　　　　　　　　　025

第二章　女人被规训成了奴隶

"妖怪"支撑"绅士"的所谓国际化城市　　　　　　　031

男女关系造就的"城市中的农村"	035
女人只要被养着就得不到男人的尊重	038
男人为奴采棉花,女人为奴生孩子	042
桨帆船底层的划桨奴	045
防止女人逃走的肉体、精神、社会束缚	048
婚姻是女性家务劳动无偿化的制度	050
不愿容忍免费家务劳动的"个性"女人登场	053
"母性"是男性社会唯一认可的女性权利	056
女人和男人的关系仍停留在奴隶社会	059

第三章　变成小小的女人吧

"男人气质"是独立,"女人气质"是为男人付出一切	065
"大男人"和"小女人"造就的悲剧	069
社会与家庭让女性生来便受到"女人气质"的养育	072
在束缚中成为小小的女人	077
昭示女性身份、束缚女性自由的服装	079
为何强制初中女生穿制服短裙	083
定义了女性审美和服装的男性凝视	086

改变被规训的审美，脱离歧视文化 **090**

成为玛丽亚或夏娃，还是成为一个人 **093**

第四章　逃离菲勒斯中心主义

侵入式的性爱是对女性身体的粗暴占领 **099**

男性本位的性爱与成为附庸的女性 **102**

非侵入式的爱 **105**

为融入男性社会而讨要爱的女人 **108**

失去自我的女人成为性别歧视的帮凶 **111**

规训女人爱慕男人的男性社会 **116**

《查泰莱夫人的情人》最符合现代日本的男女关系 **121**

查泰莱夫人的存在就是为了生产继承人 **125**

由生命的共鸣而生的性爱 **128**

男性能够超越菲勒斯中心主义吗 **131**

无性现象是希望从阳具崇拜中得到解放 **133**

第五章　如何斩断家庭的压抑轮回

男性代理人（家庭主妇）创造的家庭版军队组织 **139**

管教是以爱为名的霸凌	145
上到极限的压抑发条因恋爱而松弛	147
名为恋爱的爱憎代理战争	150
独立男女之间纯粹的力量对决	154
压抑的核心是直刺对方要害的支配力量	158
四十六岁那年总算切断的母亲的咒缚	161
为了超越自身的不幸模式而进行的治疗	164
与自我对话，接纳自我，在自我中发现神性	167
我深爱着只能活在那个时代的母亲	170
将自己从压抑中解放的我的"女性主义"	174
斩断压抑，为自我而战	177

第六章　寻求纯粹的女性主义

性别分工与生态资源	183
控制欲强的父母造就的"不孝子女"	187
没有自我的"贤妻良母"	190
亲手赚钱乃是自立之本	194
只要困于"母性"，女人就永无自由	197

活在"树形人生"中,恋爱、婚姻和生育都是分枝	200
但凡男人有为女人让道的度量	203
被迫脱离"有毒男性气质"却得到自由的男人	208
调整女人与男人之间的时间差	211
与自食其力、充满魅力的女性欣然相遇	214
无须戴冠的女性主义	219
即使拒绝社会劳动,家庭主妇也是资本主义的帮凶	224
关键不是谁来支付家务劳动,而是男女个体如何改变	227
今后需要"追求平等的心灵"和"现代化的双脚"	230
女性主义的目的是探索有民主而无歧视的富饶社会	234

后记　太郎次郎社版本	237
后记　讲谈社+α文库版	240
给我们带来幸福的女性主义	250

第一章
觉醒之后已是女性主义者

寄人篱下的屈辱是我的生存原点

我出生于昭和十六年（一九四一年），正是太平洋战争爆发的年份。在我四岁那年，战争结束了。因为父亲的工作调动，我虽然出生在日本冈山县，却在六个月大时被带到了伪满洲国[1]。昭和十八年（一九四三年）前后，父亲被征兵，母亲便带着我暂时返回了日本。后来因为战况堪忧，母亲与我便留在了日本，以田岛家的媳妇和孙女的身份，先在父亲老家住了几个月，接着便去了母亲在新潟县的娘家。简而言之，我们在父

---

[1] 日本占领中国东北地区后，所扶植的一个傀儡政权。因该政权不被中国政府和国际社会承认，故被称作"伪满洲国"。（编者注）

亲老家和母亲老家都是寄人篱下的身份。

母亲当时是个普普通通的已婚妇女，没有一技之长，所以我们不得不靠着亲戚糊口。我和母亲就这样在疏散之地体验到了寄人篱下的屈辱。

住在父亲老家时，有一个令我毕生难忘的经历。我们跟许多亲戚住在一起，吃饭时每个人面前都有鱼，只有寄人篱下的我和母亲没有。当时我年幼不懂事，对母亲说："妈妈，我也要鱼。"母亲则说："闭嘴吃饭！"一巴掌打得我不敢抱怨了。类似的用餐事件，发生过好几次。

用餐歧视真的让人非常难受。母亲自己其实也很不甘心，后来对我提起过无数次。我觉得，那起"吃鱼事件"深深烙印在了我的性格之中。

人在两三岁时体验到的不得不向别人乞食、不得不寄人篱下的生活，是一种毕生难忘的屈辱。这种屈辱成了我人生的一个原点。所以我从小就有一个强烈的愿望，即无论发生什么事，我都能无须顾虑任何人，敞开肚子吃自己爱吃的东西。我想，正是这个愿望使我后来衍生出了自己赚钱的想法。

忍受责罚的是"反应迟钝的孩子"

疏散到母亲老家后，还有一个令我毕生难忘的经历。

当时正值战争中后期，各地都在频繁举办葬礼。因为总在"焚化场"附近见到和尚，我们这些小孩就学会了模仿和尚玩葬礼游戏。我跟同岁的表妹正子拿了姥姥的腰卷[1]斜挎在身上，嘴里念着"南无妙法莲华经"满村子走。可以想象，很快就有人找到大人告状，说我们不成体统，穿着腰卷学和尚岂有此理。我们两个人都被狠狠骂了一顿，还要遭受艾灸惩罚。

那时，表妹正子可能因为有经验，大人一点着火，她就

---

1 古代日本女性缠裹在腰间的内裙，是贴身的衣物。（编者注）

飞快地拍掉身上的艾草跑了。姥姥和我的母亲竟然高兴地夸奖了正子。

她们说:"正子好灵巧啊!"

但我觉得自己在遭受责罚,必须咬牙忍耐。然而强忍着艾灸的滚烫的我,却听大人骂道:"你真是反应迟钝。"她们拿我跟正子做比较,然后说:"这孩子就是个傻大个,反应太迟钝了。"于是,这就成了姥姥和母亲对我的固定印象。

我很想辩解:"大人说要艾灸,我觉得应该听话,所以一直忍着。"可是三四岁的孩子说不出那样的话。我不知道为什么正子不听话反而被夸了,而我努力忍耐却要被笑话。当时的不甘心,现在回想起来仍记忆犹新。

无法逃离讨厌的事物的"奴性"

时至今日，我已经非常明白艾灸一事的内涵了。它意味着我在三四岁的时候就被植入了"奴性"。正子这种没有在城市生活过，一直在乡间自由玩耍的孩子，能够更敏锐地察觉到逼近自己的危险，就算那是大人的责罚，她也能发挥出拒绝自身受到伤害的力量。

当时农村人都很忙，根本顾不上管教孩子。所以至少可以说，正子还没有受到与我同等的压抑，也没有被植入"奴性"。

母亲是个性子暴烈、心理洁癖严重的人，想必在我三岁之前已经用各种手段规训了我这个不能做，那个不能做。因此，我在那个时候很自然地放弃了抵抗，觉得妈妈说的话都要听。艾灸明明是对幼儿的虐待，但我还是认为应该听妈妈的话，只要听话就能得到夸奖。也就是说，我在年仅三岁时，已经被植入了那种性格。

每次妈妈打我，说："这都是为了你好。"我都乖乖地撅起屁股说："妈妈我错了，我是坏孩子，你打我吧。"我做不到像正子那样拔腿就跑。我想，这就是"奴性"的萌芽。

无法逃离疼痛，无法逃离痛苦的状况。一旦陷入痛苦的状况，就容易想象这都是我的错，是我不够好，一味地责备自己。这种心理倾向正是在那种管教中形成的。我一心以为，只要当好孩子就能得到爱，只要当好孩子那个人就会对我笑，会拥抱我，会给我做好吃的饭菜。

孩子处在最容易被植入"奴性"的环境中。首先，他们需要父母的养育。没有父母的关爱他们就活不下去，所以他们不得不听父母的话。如果不听话，就要被打上"小混混""坏孩子""不惹人爱"等烙印，内心备受煎熬。若不是内心特别坚强的孩子，绝不可能坦然接受那些指责。孩子注定无法逃离父母，所以父母只要有意，就能以这个事实为筹码对孩子为所欲为。

卧床不起的母亲用二尺长的尺子责罚我

父亲从军归来后,母亲罹患了脊柱骨疽,其后卧床六年,直到卡那霉素这种药问世。这种病是因为结核病菌侵入骨骼,导致骨头溶解化脓,引发身体障碍,治疗时医生需要用注射器吸出脓水。吸脓时身上会有个大洞,溶解的碎骨渣哗啦啦地往外流淌。可以说,母亲一直处在垂死的状态。

母亲已经接受了自己的命运,为了让我能够独立,她认为最好的方法就是我能有一技之长。她自己在疏散到乡间居住时也曾尝试学习裁缝手艺,可是按她的说法,不能留我一个人在敌阵之中,所以最终半途而废,无法自立谋生,并因此悔恨不已。她一心认定只要有一技之长,就无须忍受那样的屈辱,所以母亲最大的愿望就是让我好好学习，成为一个能够自立的人。

母亲当时已经卧床不起。二十几岁到三十几岁正是人生最美好的时光，但是母亲什么都做不了，无法尽到为人母和为人妻的职责。不仅如此，她还面对着随时可能死去的威胁。她必须在那种情况下使我能够自立，想必内心是很焦急的。

她卧床时需要用石膏架固定身体，因此无法动弹。于是她在身旁放了一把二尺长的直尺，用它来责罚我。我必须待在那把直尺能够触及的范围之内，母亲打我时绝不能躲开。要是我躲开了，母亲就会大发雷霆、发起高烧，导致病情加重，所以我绝不能躲开。

有一次母亲气急了，甚至把我的教科书撕成两半扔出窗外。当时，教科书在我眼中就像基督徒的《圣经》那样神圣，因此这件事令我万分痛苦。也许我的心也随着教科书被撕成了两半。

后来母亲的病稍有好转，一家人偶尔会出门旅行。每次回家后，她都会总结我那一天的行动。在什么地方用什么姿势走路了，用什么语气说话了，用什么动作吃饭了，在什么地方大声吵闹了……我的一举一动都成了母亲的批判对象。如此反复下来，我变得特别在意自己的行动，最终什么都不敢做了。因为一做点什么事，我就特别害怕母亲的批判。母亲总是说："我是因为爱你，希望你将来成才，才这样训斥你。"但是她的话语对我而言，就像折断树枝一样一根一根折断了我的手脚。

我渐渐无法自由地表达自己的心情，只能把种种思绪拼命压抑在心中。我压抑了愤怒，压抑了悲伤（因为流泪会挨骂），也压抑了寂寞。即使放学了我也不想回家，经常独自呆立在操场中央。有时我也会去教学楼天台。我害怕回家，但又不知道能去哪里。这就是我每天的心情。

压抑的轮回，造就了家庭版"霸凌结构"

我弟弟长得像母亲，是个双眼亮晶晶的可爱的男孩子。母亲很喜欢可爱的弟弟，常给他试穿我的红色和服，还总说如果弟弟能跟我换一换就好了。我虽然遗传了父母不好看的地方，但是看我两三岁时的照片，也是个挺可爱的女孩子。然而上小学后，我渐渐变得乖戾，神情也越来越阴暗，母亲就说："咱们家没有你这样的，我没生过你这么丑的孩子。""长得丑就算了，还是个傻大个，整天不听话，太讨人厌了，除了学习什么都不会……"我一直沐浴在这些话语中，承受着三重、四重的苦楚，渐渐磨灭了自信。

所以我觉得，母亲对我的爱其实与"霸凌"只有一纸之隔——隐藏在管教之下的霸凌。当时的我没有能力以第三方的视角审视这一切,更没意识到那竟是霸凌。我只想得到母亲的爱,认为母亲的责罚都是因为我不够好。但是现在看来,我十分清楚母亲为何要霸凌我。

母亲对孩子以管教为名、以教育为名、以爱为名的霸凌,其实与母亲自己的人生问题有很大的关系。母亲的生活方式会折射到孩子身上。只能为孩子而活的人,其人生是极度压抑的。被压抑的人一不小心就会把情绪发泄在比自己更弱小的人身上。

母亲处在无尽的压抑之中,找不到任何出口,肯定满怀无处发泄的怒气与怨气。她必须倾倒这些情绪,她想看到别人因此而痛苦。只有这样,她才能感到心情畅快。当然,这些心理活动都发生在潜意识之中。因为一旦变成表意识,那个人应该会主动改变自己的生活方式。

一旦用霸凌的结构去分析它,就会发现家庭中也出现了跟学校一样的现象——被压抑的人、被霸凌的人转而去霸凌比自己更弱小的人。父亲在公司受了委屈,回到家中抱怨,或是殴打母亲,或是施以冷暴力。他还会对家中的开销和卫生情况挑三拣四。母亲遭到丈夫的霸凌，就会转头责骂孩子："你磨磨蹭蹭的，干什么呢？还不快去学习！"接着，孩子就会去踹狗。如果家里没有狗，孩子就在学校挑个看起来不会反抗的同学欺负。这就是霸凌的结构。

小时候，我最害怕的就是母亲。如果不听母亲的话就要挨打。那么挨打后我会欺负谁呢？答案是弟弟。

我经常被母亲要求带弟弟。我背着弟弟出去玩，大家看到他穿着红色和服，都会交口称赞"好可爱"，于是我就把弟弟放下来。趁着大家跟弟弟玩，我偷偷躲起来。弟弟发现我不在了，就哭着喊"阳子"。我躲在暗处看弟弟哭，自己也会哭起来。我一走出去，弟弟就高兴地跑过来，然后我就会特别高兴。

被我欺负之后，弟弟半夜会做噩梦哭闹。这时父母就会叫醒我，斥责我"又欺负弟弟"，然后将我赶出家门。有时在下雨天，我看到外面有人路过，总会冲动地想跟上去。在某个时期，我每天都过着这样的日子。父亲白天不在家，不知道母亲跟我之间发生了什么，所以会帮着母亲训斥我。

其实弟弟也不好过。他上了初中后，就经常被母亲拿来跟我比较。弟弟不太爱学习,母亲就每天骂他:"你怎么不学学阳子姐姐呢,一个男子汉不好好学习怎么行!"

所以我从小就见惯了霸凌的结构,深深知晓弱小的人跟被压抑的人待在一起会遭遇什么样的对待。

讨人喜欢的人，都为了迎合而扼杀"自我"

我认为，母亲培养我独立的想法是正确的。但是她的管教方式对我而言就是纯粹的压迫。那时战争刚结束，根本买不到好吃的点心，所以不存在用点心"哄骗"的招数，我所接受的是这样的管教方式——"妈妈这么生气都是因为疼爱你"。很难说这究竟算不算"哄骗"，我可丝毫没有感到自己得到了疼爱。唯独"爱你所以打你"的矛盾组合，一直盘踞在我心中难以化解。

当然，年幼的我并不知道"压迫"这个词。我只是会经常做噩梦，每次梦到的内容都是地球重重地压在我的胸口。

那个时期，我还常常因为"生闷气"而遭到责骂。其实越是被压抑的人就越容易闹别扭、生闷气。当亲密关系中发生矛盾，一般都是立场更强的人主张自我，立场较弱的人哑口无言。立场弱的人即便有怨言也不敢说出口，这种时候就会生闷气、闹别扭，然后，还会哭泣。

我就是这样变得越来越乖戾了。因为在强大的母亲面前，我总是"祸从口出"，动辄得到一记耳光，或者被二尺长的尺子痛打一顿。一旦闹别扭，我的神情就特别阴暗。傻大个，长得丑，再总是闹别扭，那就真的无可救药了。这种时候母亲就会说："你学习好有什么用，如果不当个讨人喜欢的可爱女生，今后就嫁不出去了。"

就跟上文提到的艾灸一样，艾灸是为了让我变成乖孩子，可是我乖乖忍受责罚又会遭到批判。我无法抵抗过剩的责罚，只能闹别扭以示抗议，一闹别扭面容就会扭曲变丑，这时母亲就说"不会笑的人不讨人喜欢，以后嫁不出去"。那我到底要怎么做？借用女性学研究者、生活艺术家驹尺喜美的话语，这种情况就像前方同时亮起了绿灯和红灯。

对年幼的我来说，讨人喜欢就是不想笑也得咧着嘴笑，心里说"不"，脸上也得说"是"，要不断看别人的脸色，尽量

第一章　觉醒之后已是女性主义者

做可爱的行动，绝不能表露真实的自我，要极力讨好别人。

所以，他人的爱让我感到极度压抑，不得不把自己压缩得很小很小。换一种说法，就是唯有把自己缩进极小的牢笼里，才能得到那种爱。只要"爱"保持在被动状态，我就不得不压抑自己去讨好别人。真实的自我没有任何价值。可是这样一来，真实的自我就会被全盘否定，使我再也搞不清自己究竟是什么。

我再也无法用心灵去感知事物，再也无法用自己的头脑去思考。

无法逃离霸凌者的心理

我很想逃离母亲,所以考上大学,离开父母住进宿舍时,我觉得自己总算自由了。在此之前,我每日听到的话语都是"不准去那里,不准见那个人,做完家务去学习,学习再好有什么用,又不会帮店里做事,又不会做家务,长得不好看,不讨人喜欢的人就是不行"。因此,我特别想要属于自己的时间。我特别想尽快离开那个家,想一个人生活。

考上大学时我真的很高兴。可是母亲一打电话来,我就会哭出满满一桶眼泪。我不知道自己当时为什么哭成那样,真是太不可思议了。

人一边想逃离霸凌自己的人,一边又想对那个人传达自己的心情。你为何不温柔地疼爱我？为何不理解我？为何在责骂之前不听我解释？我有那么多想说的话，父母却充耳不闻。"都是你的错""是你不够好""你太笨了"，每次都在重复同样的谩骂。希望父母理解我——这个渴望也会转变为某种形式的爱。当自己从霸凌式的关心中解放出来，我除了有自由的感觉，还会产生一种难以言喻的悲伤，这太令人费解了。即使面对自己最想逃离的人，在承受了将近二十年的霸凌后，我还是忍不住怀念她的支配。

对孩子来说，母亲是最重要的人。面对这个最重要的人，孩子渴望她的理解，因此拼尽了全力，但是孩子绝对得不到理解。母亲对孩子而言，就是上帝。

我十几岁时对基督教产生兴趣，二十多岁、三十多岁时还考虑过要不要成为基督教徒。当时我有一个观念，就是上帝绝不会回应我。因此，人们要研读《圣经》，努力领悟如何得到上帝的宠爱。遵守教义，努力改变自己，重新塑造自己，让自己成为不倒翁；不断地讨好上帝，疯狂地崇拜上帝，疯狂地渴望得到理解。然而，上帝始终沉默。于是，人们只能自发地去理解上帝。

以爱为名的支配

基督教上帝与信徒之间的关系，不知为何竟有点像母亲与我的关系。母亲与我之间，似乎是那种关系的缩影。对我而言，母亲是绝对的存在。母亲的训斥、管教与霸凌都有着爱的名义，但是她绝对不会理解我的心情。一旦我试图解释，她就会骂："不准顶嘴！"如果我不说话，她也要骂："你有什么资格生闷气？"然而，人还是会认为斥责自己、殴打自己的人深爱着自己，并紧紧跟随，逃不掉、切不断这份依赖。孩子无法选择父母，只能紧紧跟随。

经常能看见有些母亲在路边声色俱厉地训斥年幼的孩子。孩子连哭泣都忘了，小脸没有一丝血色，拼命抓着母亲的裙摆。那种光景背后总是隐藏着什么。孩子害怕被抛弃，不惜扼杀自己，也要努力听父母的话。

一边洗碗，一边因身为女性而流泪的母亲

离开了家，与母亲拉开距离后，我终于能够深入思考自己与母亲的关系。然后我发现，那个借管教之名霸凌我的母亲，其实也承受着跟我一样的痛苦。

母亲也对她的母亲（我的姥姥）心怀憎恨。她更喜欢自己的父亲（我的姥爷）。问其理由，她说因为姥姥对她太严厉了。姥爷反倒很温柔，很疼爱她。

可是，母亲并没有把"我讨厌母亲是因为她太严厉"关联到她自己对孩子的严厉态度上。就算真的关联了，她可能也无法抑制内心涌出的那股巨大的力量。因为母亲自己身为女性，只能顺应并选择社会普遍认可的女性的生活方式，她为此悔恨

不已。

战后，母亲因病长期卧床，为了挖苦父亲，经常炫耀自己在新潟县的娘家。她说娘家住的是当地最大、最气派的房子，别人都穿棉布衣服，自己却能穿真丝的铭仙和服。每次炫耀完娘家，她都要哀叹自己的不幸："为什么我偏偏要过这样的日子？"她还很疑惑，娘家明明这么好，"为什么不让我接受教育"，并因此对她的父母怀恨在心。

我的父母是左邻右舍公认的好夫妻。母亲年轻时，家里给她谈了亲事，都已经走到收聘礼的阶段了，她却坚持不愿意嫁给农民，推掉了那桩亲事。她逃出来去了伪满洲国，并在那里结识了父亲，与他结为夫妻。战后，父亲一边经营酒馆，一边照顾发病的母亲，还要腾出手来养育我和弟弟。

母亲虽然卧病在床，但也像个女王一样作威作福。她一边念叨"明天就要死了"，一边盛气凌人。她在年幼的我眼中就是这种感觉。父亲是个性格温和的人，似乎觉得那样的母亲很有魅力。因为她真的很厉害，明明随时都有可能死掉，一天到晚都要依赖别人照顾，但绝不会委屈自己。我猜，母亲其实已经因为疾病耗尽了精力。她沉浸在延绵不断的痛苦和绝望中，也许对人生充满了狂热的愤怒。刚活到三十岁就要死了，她应该特别不甘心。

　　偶尔身体状态还算好的时候，母亲就会自己起床化妆，然后进厨房做事。我到现在都忘不了，母亲曾经流着眼泪洗碗。她边哭边说："为什么只有当妈的要从早到晚给碗擦屁股？"

　　看见母亲哭泣，对孩子来说可谓惊天动地的大事。那个总是严格管教我的母亲竟然哭了。同时我也想，她好不容易精神一点了，洗碗不就是妈妈的工作吗？因为她病了，本来不用洗碗的爸爸每天都要洗碗呀，可是母亲却说："为什么只有当妈的要这样？"

女人只有枷锁之下的自由

只要身体稍微有所好转,母亲就闲不住想做事。她想盖一座更大的房子,想买下那块便宜的地皮做点生意。然而,就算母亲说了想做这个想做那个,父亲不同意就什么都做不了。父亲要照顾得了大病的母亲,很担心母亲哪天身体再垮掉还得花钱,所以一直都不答应。

从母亲的角度看,她虽然得到了精心的照顾,但是自己想要做点什么,需要用到家里的印戳时,得不到父亲的首肯就无法实现,这恐怕让她很不甘心。现在怎么样我不知道,反正三四十年前,办正事用的印戳是只属于父亲这个一家之主的。这就叫作父权制。

母亲得到了丈夫的精心照顾，但也只是比那些任劳任怨的妻子自由一些，项上枷锁松了一些。她肯定还是有着真切的感受，知道自己依旧是被豢养的人。母亲甚至说过："只要盖个印就能弄死我。"这么说也许很夸张，可是拥有印戳的人确实能够左右女人的一生，能够彰显主人的身份。母亲亲身体会到了一个男人只要为人丈夫，就能靠一个印戳掌握生杀予夺的权力。

　　尽管如此，在父亲死后，母亲还是一直对他感恩戴德。父亲去世的头三年，她每天都清洗他的衬衫挂出去晾晒，每天都为他准备阴膳[1]合掌悼念。然而，我有一次开玩笑地问她："你下辈子还跟爸爸结婚吗？"母亲却明确回答了"不"。父亲去世后，她的态度就变成了"男人？结婚？ NO！"。看来她已经有了深入骨髓的感触：尽管丈夫如此珍爱她，她最终还是被一手掌控的存在。母亲是个非常自我、性子暴烈的人，肯定早就看出了这里面的问题。她只不过是幸运地遇到了不会殴打

---

[1] 日本习俗。每日用饭时，家属为长期在外的家人供奉食物，以祈祷他们能够安全归来。日本人也会在佛龛或神龛前供奉阴膳，同已故的家人一起用餐，这象征着家族团结。（编者注）

她,反而会疼爱她的丈夫。

小时候听到的"为什么只有当妈的要从早到晚给碗擦屁股""只要盖个印就能弄死我"这些话深深刺痛了我的心。随着我慢慢长大,我终于接触到了这些话所揭示的世界,也体会到了母亲的那份痛苦。

我一辈子都不会忘记母亲的那些话语。母亲与我虽是霸凌与被霸凌的关系,但是从女性的立场出发,那些话会让我牢牢记住,我与母亲都站在同样的基准之上。当我对自己身为女性主义者感到迷茫、想要放弃的时候,我就会默默咀嚼着那些话语,给自己鼓劲。

我在疏散地的"吃鱼事件"中体会到的屈辱,还有母亲说的那些话,都可以总结为迫不得已寄人篱下之人感觉到的屈辱。因为被豢养,所以不得不给碗擦屁股。女人只有枷锁之下的自由。女人只能通过婚姻存活下去。女人都是被豢养的,无法选择自己的人生。她们没有选择权,没有自主决定权。母亲的话语在各种意义上成为我的人生警钟,还向我提供了研究的方向。

我是母亲在痛苦的生活中用作发泄的出口。我花了漫长的时间疗愈自己被伤害的心灵,同时一直在思考自己为何被当作发泄的出口。也许可以说,这本书是对我思考过程的总结。

第二章

女人被规训成了奴隶

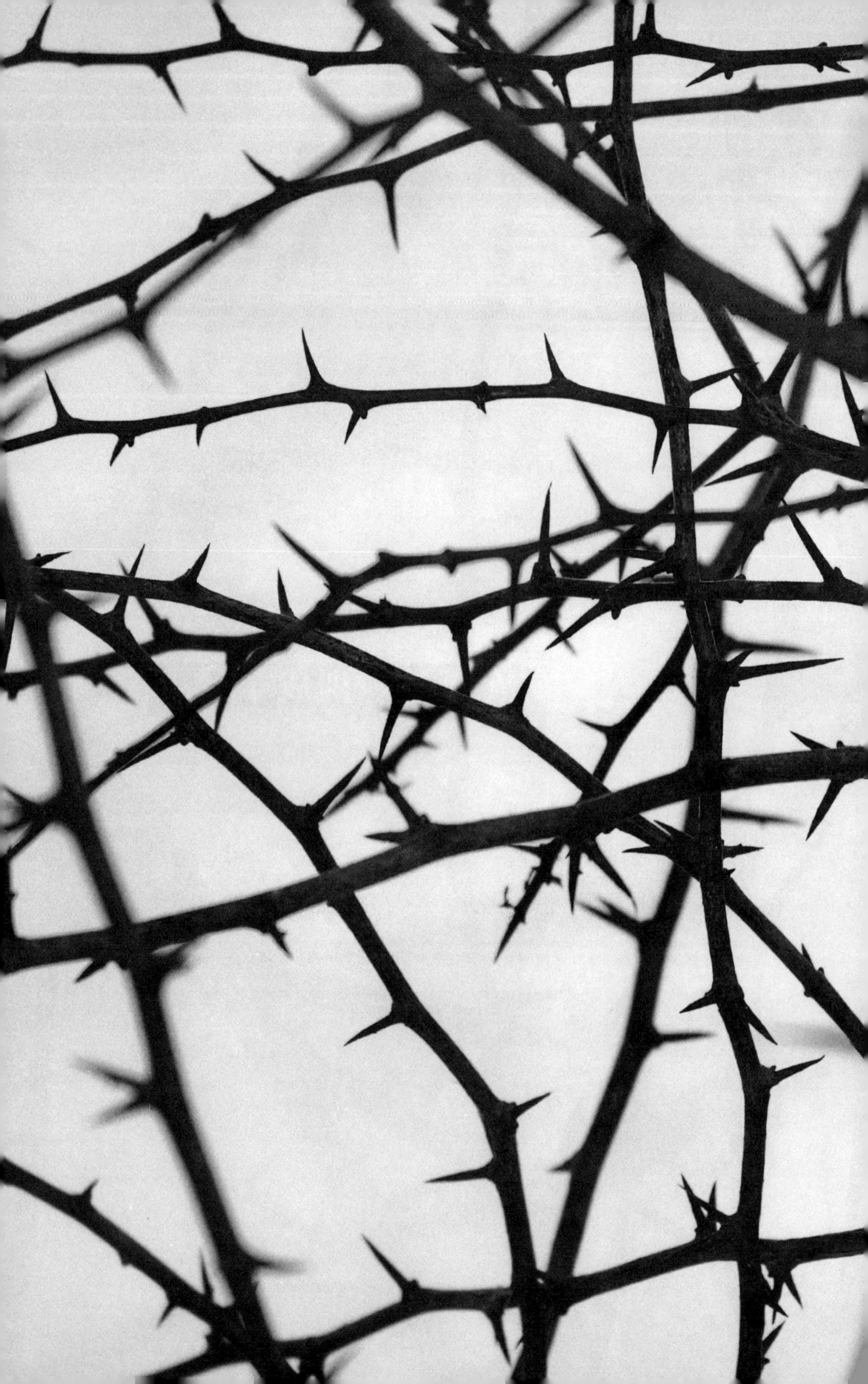

"妖怪"支撑"绅士"的所谓国际化城市

我此前一直住在东京二十三区之外的国分寺,后来因为工作繁忙,就搬到了市区。新的住处毗邻新宿,可谓东京的正中心,那里还残留着几分江户时期的市井模样。周围的人都很亲切、热情,我没过多久就跟左邻右舍熟悉得像多年的朋友一样,不由得感叹"哪儿来的什么大都会的孤独啊"。商店街的大叔们都富有个性,很爱打扮,思想特别开放。这让我想起外国人常说的,东京的平凡市井才是国际化进程最高的地方,内心深表赞同。

然而,这里也生活着一些"妖怪"。比如我走进一家面包店,跟老板大叔闲聊几句。大叔穿着时髦又合身的西装,看起来特别帅气。他聊到一半似乎想起了什么事,猛地一扭头,脸上的笑容瞬间变成了不一样的表情。他顶着那样的表情开口道:"喂,那东西去哪儿了?"这时有个人嘴上应着"嗯?"或者"来啦",又或者一言不发地静悄悄走出来。那就是我所说的"妖怪"。这样走出来的人一般都给人以灰色、褐色或桃红色的印象——穿着褪色的碎花围裙罩衫,因为不施脂粉,脸是褐色的。

让我惊讶的不仅仅是原本一副绅士模样的大叔扭头喊"喂"的时候,表情和态度竟能够发生如此突然的变化,我更惊讶于那个应着"嗯?"走出来的人竟跟大叔给人的印象相差如此之大。

这并非只是面包店的现象。比如我再走进水果店,大叔不在的时候,"那个人"会马上走出来。这时不会有任何问候,她只用透露着"干什么?"的眼神和下巴跟我交流。再走进洗衣店,那里似乎日常都由女人出来招待客人。不过,可能因为要兼顾家事和店铺,来客人时她总是不能及时切换营业用的表情,往往顶着十分吓人的脸走出来。等到去收银台计算价钱的时候,她才总算完全换上营业用的表情,笑着说"谢谢惠顾"。

接着，不等客人完全走出去，她又匆匆忙忙回到里屋了。

每当这种时候，我总是会暗自感叹："唉……这叫什么国际化啊。"市井之地所谓的国际化，不过是男人对外的面孔而已。国际化的部分只涉及在店头做买卖的男人，也就是所谓的老板。而那些在背后支撑着老板，被人称作家庭主妇的人，则丝毫没有国际化。她们依旧做着没有报酬的家务劳动，依旧与社会脱节，其程度严重到她们觉得自己并不需要掌握对内和对外的两种表情。而且，她们的脸上没有表情。不，即使大叔的国际化程度高，即使大婶是一脸幸福的表情，他们的男女关系也是彻头彻尾的非国际化。何止如此，他们那种"喂！"和"嗯？"的关系，更应该被称为"城市中的农村"。我在这里说的"农村"并不是指偏远乡村，因为我很喜欢农村，也住在农村，我这么说只是用它来比喻不顺应世界变化的人。

国际化意味着重视个人、重视自己的想法，对外来事物持有宽容和理解的态度，以及求同存异。可是这些老板所谓的国际化全都依靠那些应一声"嗯？"静悄悄走出来的家庭主妇的支撑，全都依靠那些面无表情的褐色、桃红色、灰色的人的支撑。正如号称民主国家的古希腊公民国家，其民主也都依靠奴隶的支撑。现代化、国际化的绅士们全都依靠整日从事无薪劳动的家庭主妇的支撑，才得以实现他们的现代化和国际化。

男女关系造就的"城市中的农村"

顺着上篇文章中"城市中的农村"这个思路深入下去，我不禁认为迄今为止关于城市的论调都是自欺欺人，譬如城市乃是摒弃了过去的等级制度、全员平等的地方；譬如城市乃是自由自在、没有上下级关系的地方。这些至少都是男性本位的见解，只能套用于男性之间的关系上，却不一定能套用在女性之间或女性与男性的关系上。而且我们女性在赞同这些观点时，自身的思考也是男性本位的思考。

前不久，有人托我做一场"城市与女性"的演讲。我说，城市相对农村更能解放女性。农村确实残留着更多封建制度和家族制度，更束缚个人的自由，而女性便是首当其冲的牺牲品。因此，女性在城市能够靠自己赚钱，能够得到更大的解放和自由。换言之，城市使女性自立成为可能。

然而女性好不容易来到城市，却也可能陷入"城市中的农村"——这发生在放弃工作、靠丈夫养着、埋首于生儿育女和家务劳动之时。一旦女性变成传统的贤妻良母，她与丈夫的关系就会将她打入"农村"状态。她们不得不在背后支撑着名为"男人"的城市，或者支撑着男人的国际化，同时在此过程中失去自我，成为"妖怪"。而那种"妖怪"与男人之间的关系，就会逐渐化作"城市中的农村"。

反观那些倚靠着"农村"的男人，也不能算作真正的"城市"，他们只是长着城市的脸和农村屁股的男人。虽然表面上会有相应的变化，但豢养着"妖怪"的男人终究不是国际人士，而那些主动成为"妖怪"的女人，更是怎么挣扎都成为不了"城市"。

那么，我在自己身边看到的"城市中的农村"式的男女关系，会不会只是个例？当然不是。去农村一看，那里的男女关系是"农村中的农村"关系。即使在伦敦也一样，男女关系都是"城市中的农村"。正因为全世界的男女关系都是"城市中的农村",联合国才会与NGO（Non-Governmental Organizations，非政府组织）合作组织全球规模的国际妇女年（一九七五年）和世界妇女大会（同年在墨西哥城举办第一届会议），以期消灭这种落差。

日本宪法也规定了男女平等，为何还会形成男人为"城市"、女人为"农村"的关系结构呢？下一篇文章中我们将继续讨论。

女人只要被养着就得不到男人的尊重

我们总把男女平等挂在嘴边，连宪法也规定了男女平等。而且，我们还像"左右""南北"那样极其自然地说出"男女"二字。这么摆出来一看，左和右、南和北、男和女好像都是平等的。但实际上，左和右并非等价。比如左撇子，他们的习惯是不被社会认可的。无论在哪个社会，右都被视作正确的。在英语中，右甚至直接写作"right"，等同于"正确"。

那么"南北"呢？在日本，北国的人都向往南国，然而这并不意味着他们会尊重南国的人。有许多画家会造访塔希提岛[1]，有许多作家创作过南国的故事，还有许多电影描绘了南国的风景。然而，那充其量只是北国人用自己的浪漫情怀恣意创造出的"南国"，他们的向往也仅此而已。他们会造访，但不会定居，也不跟当地的人来往。他们内心其实都瞧不起贫穷的南国。

这跟男人对女人的态度一样。男人对女人怀有浪漫的憧憬。如果不加以美化，他们就无法恋爱。某些男人并不尊重女人，也不承认她们是具有独立人格的人。

为什么呢？因为某些女人不自立，比男人贫穷，只能依赖男人。社会规范也是男性本位的。男人为"右"，是"正确"的。与之相对，女人为"左"，被视作低一等的存在。

为"右"的男人外出工作，以自己的名义领取薪酬，为"左"的女人则免费从事育儿和家务劳动，支撑男人的生活。人们将"男主外、女主内"称为分工合作，但它与企业中存在的平等关系的分工合作有着根本的区别。女人需要操持家庭、从事家务劳动，却得不到报酬，到头来只能依赖男性，成为其

---

1 该岛位于太平洋东南部，是法国的海外领地。（编者注）

从属，因此女性的社会地位下降，女性与男性之间产生了等级关系。其结果就是，男人很感谢女人为家庭和育儿的付出，但不尊重女人。女人越是埋首于家务劳动和生儿育女，就越会促使女性整体成为性别歧视的对象。

前不久，我读了会田雄次的《阿弄集中营》（中公文库）。第二次世界大战后，被关押在阿弄集中营的日本军俘虏感到最屈辱的事情，竟是日常要进行打扫和洗衣工作。他们觉得受到了莫大的侮辱，甚至恨不得切腹。

有一次，一名英军女军官把脱下来的衬裤递给日军俘虏N兵长，叫他"把这个洗了"。N兵长怎么想呢？"谁给你洗啊。老子捏着边角浸在水里，直接就晾了。那傻子后来还给了我根烟。"

通过阿弄集中营的情况可以窥见，至少在当时，洗衣和打扫对男人而言都是极大的侮辱。因为他们认为，那都是地位低于自己的女人的工作。

只要男人把自己视作屈辱的打扫、洗衣、做饭等工作完全推给女人，就不可能平等地对待女人。那是自然呀，男人把自己最讨厌、最瞧不起的事情推给了女人，又怎么可能瞧得起默默从事那些工作的女人呢?

而女人只因为自己是女人,就在家中从早到晚、日复一日地做着那些事情。换言之,就是永无休止地承受着集中营里的屈辱。

阿弄集中营里的男人在没有自由的生活中全都失去了表情,脸上逐渐带上了奴隶的神情。看看日本的家庭主妇吧,无论她们穿着多好的衣服,脸上都是千篇一律的表情,因为她们都置身于无法由着自己的个性生活的情况中。

男人为奴采棉花,女人为奴生孩子

为了让女性现在所处的歧视环境变得更好理解,我试着这样设想很久很久以前女人与男人的相遇。

正如黑人被带到美洲成为奴隶,女人也从女人的国度被带到了男人的国度,在那里成为奴隶。为何女人被带到了男人的国度呢?那是为了生孩子。黑人为奴是因为要采棉花,女人为奴是因为要生孩子。

说不定,很久很久以前男人和女人是分开生活的。希腊神话中的亚马孙女武神就创造了只有女人的国度,而亚马孙女武神的传说同样存在于印度等国家。事实上,地球上也曾经有纯女性和纯男性的部落。

那时，男人如果想要孩子，就到女儿国走婚，生下来的若是女孩，就留在女儿国；若是男孩，就由男人的国度收养。就这样，男人和女人分别过着平稳的生活。

女儿国的女人孕育生命，因此也重视生命。她们的生活方式或许是以农耕为主，很少杀生。女儿国没有男人的国度那般富裕，但是众生平等，没有暴力，大家都生活在宽松的圈子里。

那么，为何分开居住的女人和男人后来住到了一起？那是因为男人的国度需要很多孩子。

男人创造的父权制社会以资历、等级制度和效率为中心，其核心并非爱，而是暴力与威慑。男人不能生育孩子，所以活动的自由度高于女人，积攒的财富也更多。他们积攒了越来越多的财富，因此产生了越来越大的欲望。因此，他们需要更多的人来耕种田地、外出打猎。他们需要更多的劳动力。接着，他们又想要更丰饶的土地。于是战争越来越频繁，他们又需要更多的士兵。然后，他们又希望把自己占有的土地和财富留给后代，让自己的姓名永远流传。于是男人开始重视血统，希望得到血脉纯正的儿子作为继承人。

要大量增加劳动力、士兵和子孙后代，就要更有效率地得到孩子。如此一来，以往的走婚就再也不能满足男人的需求。他们发现，把女人控制在身边才是最方便的。于是，他们开始掠夺女人，也就是现在所说的绑架。

其后，随着千百年的文化发展，社会上出现了极其复杂的婚姻仪式与形态。但我认为，女人与男人最初的相遇，就始于这样的掠夺。这样一想，当前女性所处的环境就变得更容易解释了。

再说一个题外话。男人掠夺女人时，更青睐什么样的女人呢？当然是比自己身体更小、体重更轻、方便搬运的瘦弱女人。在此之上，腰围只有五十八厘米的女人肯定比腰围八十厘米的女人更方便抱起就走。直至现在，一些男人看到娇小玲珑的女人都会心动不已，这也许是因为远古时期的掠夺快感通过遗传基因传承了下来。

桨帆船底层的划桨奴

那么，为了生孩子而遭到掠夺绑架，被带到了男人国度的女人，究竟会遭受什么样的待遇呢？

我认为男女关系就像桨帆船。桨帆船是始于希腊文明，直到近代还在欧洲海域航行的奴隶船。（桨帆船的英语"galley"现在仍在使用。比如，书籍印刷时的长条校样，在英语中就叫"galley proof"；飞机上为乘客准备餐食的地方也被称为"galley"。）

桨帆船的甲板上有王公贵胄和普通市民，船底则坐满了奴隶。因为是那些奴隶在划桨，所以才被称作"桨帆船"。

奴隶们划桨的底舱中央有一条通道，两侧摆满了长凳。

由铁链锁在一起的三个奴隶坐在长凳上成为一组,负责划动一根船桨。奴隶船上有被称为"保持节奏者"的奴隶头领。他负责控制奴隶的节奏,让船能够笔直地向前航行。奴隶们配合着头领咚咚敲打的鼓点,齐声喊着号子奋力划船。

这些划桨的奴隶中既有生来的奴隶,也有战败的俘虏。俘虏中甚至有些是曾经站在甲板上的王公贵胄。

以前我看过一部名叫《宾虚》(*Ben-Hur*,1959年,美国)的电影。电影里有桨帆船对战的情节,反映的是格林多人与斯巴达人的战争。战斗的都是甲板上的男人,战败却生还的男人即使是王公贵胄,也会因其生还而成为奴隶,被赶到桨帆船的底舱。对比之前的身份,如今被铁链锁着困在底舱划船,必然是巨大的耻辱。他们一边划船一边默念:"等着瞧吧,我定要占领这条船凯旋。"然后咬牙忍耐着屈辱和繁重的劳动。他们绞尽脑汁,全神贯注地观察着甲板上的情况,等待复仇的机会。然后有一天,趁甲板上的征服者高歌痛饮,囚徒们团结暴起,袭击了甲板上的王公贵胄和士兵。他们占领桨帆船,成功得胜回乡。

电影里的桨帆船之战虽然是男人之间的战斗,但我要把这种关系套到男女关系上。女儿国的女人被男人打败,从此被囚禁在"桨帆船"的船底,成了划桨的奴隶。

防止女人逃走的肉体、精神、社会束缚

那么,这些被囚禁在"桨帆船"底部的女人,能否像那些团结起来争取自由的男奴隶那样战斗?能否团结一致对抗甲板上的男人呢?

被征服的初期,女儿国的女人肯定解救过被掠走的同伴,而那些被掠走的女人肯定也团结起来对抗过甲板上的男人。因为在刚被掠走的时候,女人无论在体力、智力、武力和气概上,都具备着那种可能性。

然而,女人被囚禁在桨帆船的船底,是被当作了生儿育女的工具。无论她们的意志如何坚定,都要被迫怀上身孕。如

此一来，即使她们的身体和武力再怎么强悍，也无法像怀孕之前那样战斗了。即使战斗，也只会落败丧命，或因反叛行为而遭到更可怕的对待。

每年被迫怀孕，不断生儿育女，女人的体力渐渐衰弱，牙齿和骨头都变得脆弱不堪，再也难以逃脱了。

尽管如此，女人还是不放弃追求自由。即使母亲放弃了逃脱，她们的女儿依旧向往自由的世界。女儿们通过母亲继承了女儿国高尚而自由的传统，最终难以忍受满足于奴隶现状的母亲，反复计划逃亡。

男人为了防止女人逃跑，又想了许多办法。首先，他们想到改变女人的双脚，让她们无法走路。如果像安徒生的《红舞鞋》中那样切断女人的双脚自然最好，但那样会使女人成为累赘。接着，他们用服装束缚女人的身体，也就是和服与裙子。同时，他们还用道德束缚女人的身心，"处女崇拜"和"贞操观"由此诞生。下一步，他们要用婚姻制度束缚女人。在此之上，他们还要制造主动接受婚姻制度束缚的女人。这就是名为"女人气质"的社会规范。如此一来，女人在肉体、精神和社会方面受到了层层束缚，彻底沦为男人的奴隶。

第二章　女人被规训成了奴隶

婚姻是女性家务劳动无偿化的制度

看日本旧时的小说话本就会发现,以前的女性是"长了腿的财源"。因为女人的生育能力,人们有了劳动力、士兵和继承人。不仅如此,女人还是享乐的工具,而且十分勤劳。除了生儿育女,她们还包揽了被统称为家务的打扫、做饭、洗衣、看护和照顾老人、帮补家计,甚至农耕、缝补、邻里交往等一切重要工作,并且分文不收。

日本也曾尝试计算过女性的家务劳动费用。一九九七年,当时的经济企划厅算出的家务劳动费用为年均二百七十六万日元(月均二十三万日元)。此外,护理劳动的价值为月均二十一万日元(一九九六年经济企划厅委托上智大学教授八代尚宏统计）。男性社会并没有建立向女性支付这些薪酬的体系，反而制造了"女人要为男人付出一切"的社会规范，鼓励女性自我牺牲。其结果就是，一九八〇年联合国统计得出，女性承担了全世界三分之二的劳动，得到的薪酬却仅占整体薪酬的百分之十。女性的财产仅占整体财产的百分之一。女性处在极度贫穷的境遇中。这就是女性被规训着为家人牺牲自我的数字化结果。

男人动辄吼叫："不看看是谁养着你！"其实女性在家中从事的那些难以察觉的琐碎劳动，有着普通男性月薪无法承担的价值。家庭的现金收入也许的确来自丈夫，但支撑他们在外工作的，其实是女性的无薪劳动。可以很明确地说，女性才是家中的顶梁柱。

家务事虽小，价值却不小。接下来这个故事，是美国女性主义者格洛丽亚·斯泰纳姆想出来的。

有A与B两家人，家庭成员分别是A先生和A夫人、B先生和B夫人。两家的丈夫都是薪酬获得者，妻子都是家庭主妇。一次，A先生对B先生说，想请B夫人到家中从事家政工作。家政工作要按小时支付薪酬。后来，B先生因为夫人病了，也向A先生提出请他的夫人从事家政工作，于是两家的妻子不时到另一家去做家政。每次A先生或B先生都会向另一方的夫人支付一定的费用，我们假设这是五千日元。

好了，这个故事有什么意义呢？从表面看，这五千日元在两家之间轮转。五千减去五千等于零，丈夫会有什么损失？会这样想的人，都是习惯站在丈夫的视角而非妻子的视角看待事物的人。

A夫人和B夫人为自己的丈夫做家务并不能得到五千日元，但是偶尔被另一家请过去，为别的男人做家务，就能得到五千日元。那是她们的劳动所得，因此，五千日元不需要交给丈夫。以前，女人的劳动所得还有可能被丈夫收走，可是现在不一样了。

所以，表面上看似五千减去五千等于零，但如果将夫妻分开看待，实质就是女人从事相同的劳动，对自己的丈夫免费，对别的男人则能够变现为金钱。

不愿容忍免费家务劳动的"个性"女人登场

越是贫困的地区,性别分工就越明确。因为将男女两性的工作分割能够提高经济效率,而且只要对女人进行"为爱而生,要付出一切"的价值观洗脑,女人就会心甘情愿地从事无薪劳动。生儿育女、操持家务、照顾老人,这一切都成了免费的。榨取女性的劳动力对男人、对家庭、对国家都大有益处。日本之所以能靠男人的工作取得如今这样的经济大国地位,归根结底都得益于每个家庭有一个名为主妇的奴隶。日本女性作为人类的劳动权在《男女雇佣机会均等法》(一九八六年颁布)诞生之前,一直都被忽视了。

如今,总算觉醒了个体意识的女性在世界各地发出了声音，男人也在一点一点地试图改善婚姻制度的内涵。人住在什么地方都是自己的自由，然而只要女性得不到工作机会，一直被困在家中从事无薪劳动，婚姻制度便是奴隶制度，男女之间的关系也就始终等同于桨帆船的结构，是王公贵胄与奴隶的关系。

最近，夫妻别姓运动愈演愈烈，然而女性一直都被洗脑"结婚是幸福的归宿"，所以直到现在仍有很多女人高高兴兴地冠上夫姓。甚至有的人说，一直用自己的姓是一种羞耻。其实仔细想想，改姓是一件很可怕的事，因为那意味着自己变成了另一个人。

我认识的一名家庭主妇在盖房时想跟丈夫共享产权。现在可能不一样了，但是在一九九〇年前后，银行还不允许这样做。如果没有盖章公认的自己名义的收入，就不能共享产权。由于家庭主妇没有自己名义的收入，无法作为一个独立的人得到社会的承认，即使想拥有一座二人共有的房子都做不到。如上文所说，主妇在家庭内部付出的劳动具有丈夫的薪资无法负担的价值，然而在男性社会，那些都被说成了"女人的义务"，得不到承认。而这一现象最后就体现在了银行的歧视上。

以爱为名的支配

江户时代有句俗话——"女人三界无归处",现在虽不至于那样,但房子依旧只能在丈夫的名下,孩子只能跟丈夫姓,连自己都要随夫姓,所以女性不变成"妖怪"反倒是强人所难。虽说如此,一般人都觉得那就是女人的道路,社会的普遍认知亦是如此,女人听得多了也就不觉得自己有什么损失。一旦觉得有损失,就会激发"我是个坏女人"的罪恶感。所以,女人为了忘记自己身处的屈辱环境,往往会选择安全的道路。几乎所有女人都情愿舍弃为人的尊严,选择自以为是的轻松道路。心甘情愿地成为奴隶之后,能做的事情不外乎热衷于孩子的教育,热衷于搞婚外情,或是去文化中心参加兴趣班。我想,女人就是靠这些麻痹自己,一直走到了今天。但是近段时间,越来越多的女人不再忍受这样的生活,而顺应她们的时代风潮也在世界各地吹了起来。尽管如此,大多数女人还是没能下定决心迈出那一步,始终没有勇气走上属于自己的人生道路。

"母性"是男性社会唯一认可的女性权利

请回忆一下桨帆船的结构。船底有一个被称作"保持节奏者"的奴隶头领，他负责控制奴隶划桨的节奏，保持桨帆船直线行驶。

在男女关系的桨帆船上，"保持节奏者"全都异口同声地鼓吹"女人要顾家，女人要有母性"。充当奴隶头领角色的人，在现代大体是家中的婆婆、倡导贤妻良母的女校校长、鼓吹女人应该守护家庭的评论家等。这些人都站在男性主义的立场上，负责把女人规训成更温驯的奴隶。在我看来，这些人都是"父亲的女儿"，也是会随着时代的风潮毫不犹豫改变主张的人。

有的人在听到"女人要顾家,女人要有母性"时,一开始可能会有所抵触,但是随着日复一日的洗脑,她们可能会习惯那样的旋律,忘记自己是自由的人,是拥有自由意志的人。她们再也想象不到还有不一样的世界。如果有人心存迷茫和犹豫,导致划桨的节奏不一致,航行方向出错,就要被"保持节奏者"训斥,所以奴隶开始互相监视,互相洗脑,说"女人的幸福就是结婚生子"。

　　若有人敢说女人不只有"母性",就要遭到身边人的围攻,甚至亲戚都会对她阴阳怪气。不生孩子的家庭主妇要被人说三道四,最后被赶回娘家。现在虽然正在慢慢发生变化,但是生育依旧分了三六九等,只会生女儿属于下下等。身为女人,比起女儿,她们更渴望生儿子。因为她们很清楚生女儿得不到任何好处,顶多只能在家务事上得到一些帮助。反过来,如果儿子出人头地,母亲将来就能得到"皇太后"的待遇。生了女儿将来也只能看着她跟自己一样被囚禁在桨帆船底舱,不能带她鸡犬升天,所以女人拼了命地想要儿子,想要更多儿子。

　　"母性"是甲板上的男人唯一认可的船底女人的权利,也是男性社会给予女人的唯一权利。女人若敢要求其他的权利,

第二章　女人被规训成了奴隶

一定会被当头棒喝。反过来说，被劫掠到男性社会的女人，只能依赖"母性"主张自己的存在价值，否则别无存在的理由。这也是女人一直以来死死抓着"母性"不放的根源。

　　因此，所谓的被美化的"母性"，其实是制度化的女性权利。男性社会对此给予了正式的认可，允许女人在那个范围内发挥十二分的能力。也可以说，女人的力量全部被局限在了那个范围内，其弊端就体现在了母亲与我的关系之中。

女人和男人的关系仍停留在奴隶社会

按理说，我们已经赢得了民主的胜利，然后，我们也赢得了现代化的胜利。这些都是初中和高中的历史知识。英国和法国很早就爆发了民主革命，人类理应获得了自由与平等。可是正如法国大革命提倡的"自由、平等、博爱"，"博爱"被写作"fraternity"（兄弟友爱），"自由、平等、博爱"的实质，只是男性之间的友爱，其中并不包括女人。女人对此一无所知，一心以为革命成功之日，自己也能获得自由，便拼上性命参加了战斗。但是战斗结束之后，女人又一次被关到了甲板之下。在有需要的时候，女人总是会被拉到甲板上来，一旦没有需要了，又要被赶回船底。第二次世界大战之后，同样的情况再次上演。

男人依旧是"王公贵胄",女人依旧是"奴隶"。"贵族"与"奴隶"的关系很显然是等级关系。随着封建制度的终结和"现代社会"的来临,等级制度理应被废除,可是这么一看,男女之间依旧残留着等级关系。所以说到底,女性并没有迎来"现代社会"。那些为了自由平等的战斗,都属于甲板上的男人之间的战斗。

用桃太郎与雉鸡的关系打比方:作为随从的雉鸡要求主子给两个糯米团子而不是一个,这就是现代的战斗。可是桃太郎与桃太郎夫人的关系、雉鸡与雉鸡夫人的关系,从过去到现在都没有改变。

工会的委员长是代表企业员工与社长交涉,要求公平分配企业收益的组织领袖,然而那个委员长家里照样有个免费为他做家务劳动的主妇奴隶。听说有的委员长对家庭不管不顾,在外面用十二分的精力斗争,回到家里把压力和郁愤都倾倒给妻子,大吼大叫:"喂,拿酒来!"

这些男人在外面提倡民主、自由、平等,振臂高呼"全世界无产者联合起来",然而那都是仅限男性的。他们的视野中不存在女性的人权和劳动权。回到家后，他们会用自己痛骂的资本家对待工人的态度，有样学样地对待自己的妻子。他们把无薪酬的家务劳动、育儿、杂务全部推给妻子，榨取妻子的劳动力。他们在外面要求人权，回到家却无视了妻子的人权，这就是男性社会的文化和制度，男性恐怕很难看清事实。

日本宪法规定了男女平等，但只要家务劳动一直由女性承担，主妇奴隶一直存在，就算女性拥有选举权，真正的男女平等还是遥不可及。这就叫作"double standard"（双重标准）。即使宪法保障了男女平等，只要文化、风俗、道德还视男女性别分工为理所当然，平等就是纸上画饼。最令人无语的是，日本法律还规定了夫妻别产，男人赚到的东西只属于男人自己，完全不必分配给辅助他的女性。

奴隶制度在现代理应早被废除，然而它还残留在女人与男人的关系中。女人一结婚就要放弃工作成为家庭主妇，顶着"夫人"的美名沦为无薪酬的主妇奴隶。我认为应该看清这样的现实。丈夫已经走进了"现代社会"，有的妻子就觉得自己也走进了"现代社会"。然而有必要认识到，妻子与丈夫是不同的，现状其实是男人坐拥"现代社会"以及名为妻子的奴隶。

第三章
变成小小的女人吧

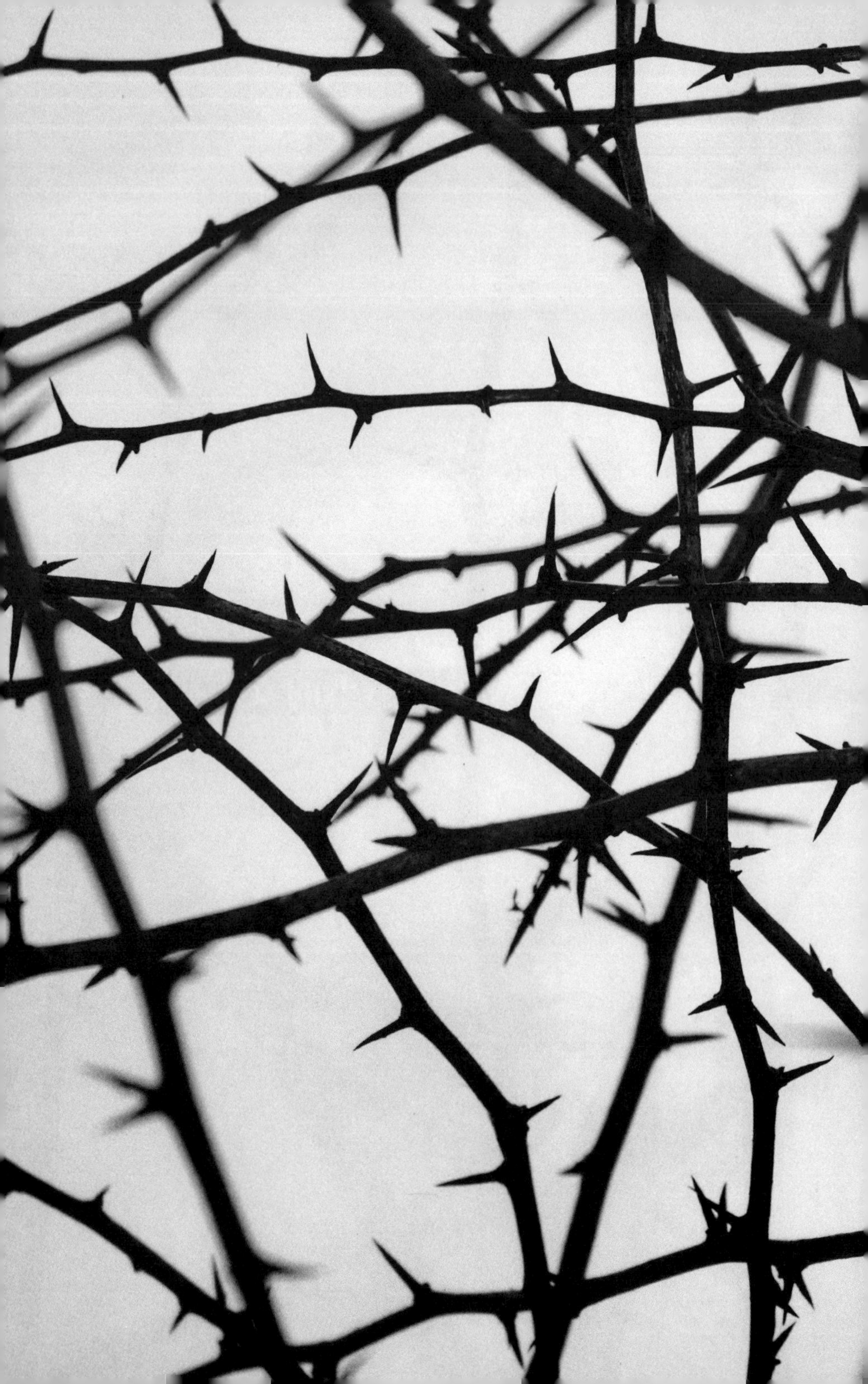

"男人气质"是独立，
"女人气质"是为男人付出一切

女人都向往结婚，那是因为"保持节奏者"不断向她们鼓吹"女人的幸福就是婚姻"。几乎没有人知道，一旦结了婚，女人就会因为生而为女人，被打入奴隶船的船底，无关能力与性格。要是知道了，肯定所有人都想留在甲板上。只是不知为何，她们毫不知情，回过神时已经被塞进了奴隶船的船底，男在上女在下，被分割得清清楚楚。

为什么会这样？因为文化中早已存在的机制。就算放着不管，女人也会自然而然地进入船底，嘴里念叨着"女人要顾家，女人要有母性"，浑浑噩噩地划动船桨。相对地，就算放着不管，男人也会自然而然地认为"男人是天"，把自己当成主人，把女人当成手下。人们把男在上女在下说成"自然"，那么，究竟是什么创造了这个"自然"？这背后的本质，就在于教育男孩子要有"男人气质"，教育女孩子要有"女人气质"。按照"男人气质""女人气质"来养育孩子，那么即使什么都不做，男人也会自然成为甲板上的贵族，女人也会自然成为船底的奴隶。

如第二章所述，左右、南北并非等价，"男人气质"与"女人气质"同样不是等价的。我们一直被教育男人要有"男人气质"，女人要有"女人气质"，因此把它当成了自然之理，其实这里面存在着巨大的陷阱。

我经常在演讲中请听讲者列举看见"男人气质"和"女人气质"时，会联想到的正面印象和负面印象，结果大致如下：

● 男性气质

☆正面印象：强壮、魁梧、大胆、威风、野心、梦想、自由、冒险、判断力、决策力、行动力、执行力、经济实力、领袖气质、视野开阔、责任心、知识、温柔、浪漫、冷静、理性、不爱流泪、包容力……

☆负面印象：自私、霸道、吼叫、独狼、暴力、粗鲁、顽固、沉默寡言……

◉ 女性气质

☆正面印象：体贴、顺从、讨喜、可爱、恬静、纯真、忍耐、优雅、漂亮、纤细、美丽、细致、干净、低调、善解人意、开朗、性感、坚强、柔和、做饭、洗衣……

☆负面印象：歇斯底里、爱哭、多话、情绪化、任性、肤浅、恶毒、视野狭窄、缺乏社会性……

在对男人要求的"男性气质"中，包含了"自由、梦想、决策力、行动力、领袖气质、责任心、经济实力……"这些都是一个独立的人有所成就的必要条件。掌握了这些，那就是有梦想的、更伟大的、独立自尊的王公贵胄，拥有了尽情享受自由和自我的资质。

再看"女性气质"，那些词语都不是独立的人必不可少的资质，反倒是讨人喜欢、受人保护、为他人付出、保持人际关系圆滑、为别人提供方便的资质。其中"善解人意""体贴""做饭""洗衣"都是无关男女，只要想独立就必须具备的东西，但它们只出现在所要求的"女性气质"之中，相当于认定女性是"为了他人、为了男人、为了家庭付出一切"的性别。

"男性气质"意味着为梦想而活，成为一个有完整人格的人。但"女性气质"却如"顺从"和"低调"这些印象一般，是依附于人的气质。它无关一个人如何生活、如何成长，而是将重点放在如何帮助另一性别上。换言之，就是注定了一辈子都是男人的配角。

也就是说，教育女孩子有"女性气质"，实质上是在压抑、阉割女孩子本身具有的人格力量，令她变成一具空壳。女孩子的成长因此半途而废，从此成为半病态的人。

有这么一个时期，美国的女人一旦施展暴力，就会被认定违背了"女性气质"，甚至被冠上疾病之名，强行送进精神病院。事实上，对"女性气质"的要求，等同于给女性穿上束缚衣，是强迫一个人活在"不自然"的病态之中。

"大男人"和"小女人"造就的悲剧

"男性气质"和"女性气质"的优劣都很微妙,譬如有的女人会欣赏男人的"顽固"和"独狼"气质。又如"女性气质"中的"爱哭",有人觉得那是代表女人味的正面印象,也有人觉得那是做作的负面印象。且不说这些个人喜好的问题,普遍来说,"顺从""纯真""低调""恬静"又"纤细"的女人,怎么看都不可能赢过"独狼"——有"决策力""领导力""行动力"和"经济实力",而且还有"力量"的男人。无论在精神方面还是肉体方面,女人都比不过男人。"小女人"对"大男人"可谓束手无策。就算男人不说"跟随我",女人也会自动跟随。

女人受到文化的刻意熏陶,成了身心都不及男人的存在。

如果想要男人接受自己的主张，只能撒娇、闹脾气或者哭鼻子，说白了就是不得不像个孩了一样激发对方的爱意。除此之外，就是靠美丽和性感去诱惑对方。就算对方因此服从了，这种男女关系也不是对等的关系。因为打架打不赢，才能靠哭鼻子、发脾气来抗议。女人受到的规训使她们在男人的经济实力、身体能力和大胆的性格面前变得不堪一击。

如果具备了"女性气质"正面印象的女性和具备了"男性气质"正面印象的男性凑在一起，男女双方也许都能获得幸福。跟了一个强壮又温柔的男人，女人想必能感受到被保护的幸福。因为她懂得如何顺从男人、夸奖男人、捧高男人，对男人有要求时捏着嗓子撒娇，或是泪眼相求。这样的女人都觉得声讨"歧视问题"的女人不懂得隐忍，觉得她们是"蠢女人"。

如果具备了"女性气质"正面印象的女性跟具备了"男性气质"负面印象的男性凑在一起，那就是一场悲剧。因为男人把女人的付出当作理所应当，不断吞噬女人的体贴，要求她付出更多，再付出更多。一旦看不顺眼，就对女人拳打脚踢，赚了钱也不给女人家用。"小女人"面对这样的丈夫，会觉得自己付出得还不够，需要加倍努力，最终变成仙鹤报恩式的女人，拔光了身上的羽毛。尽管如此，女人还是会觉得自己付出得不够多，觉得自己做错了事，深陷在罪恶感中不停地反省，牺牲自己追求完美。

"男性气质"和"女性气质"不过是以男女配对为前提的美好理想。它是男人创造的社会规范，因此注定对男人更有利。

"女性气质"的负面印象是女性为满足"女性气质"而压抑了原本健全的人格，从而导致的行动和情绪。满足"女性气质"意味着强行停止成长。同时，"男性气质"的负面印象仅看前文列举的词汇，就知道那是倾向暴力而非沟通、好战引战的气质。

因此我认为，今后女人应该吸收"男性气质"的正面特征，男人应该吸收"女性气质"的正面特征，学会关怀照顾他人，得到自立生活的能力，脱离二人互补的关系，每个人都成为独立自主的人。

社会与家庭让女性生来便受到"女人气质"的养育

有学生说过：存在于"男性气质"中，而"女性气质"中没有的东西，那就是"自我"。男学生可以同时拥有"男性气质"和"自我个性"，女学生的"女性气质"和"自我个性"则是不重叠的。

女人并没有也不可能被改造成彻头彻尾的机器人。她们常常因为自我的天性与他人对女性的要求及"女性气质"的社会规范相矛盾，而深深陷入撕裂的痛苦之中。许多女人很难做出明确的决定，总是优柔寡断，部分原因就在这里。无法活出自我的压力转化为了体表的症状。许多女人受到神经性便秘、肩酸腰痛的折磨，部分原因也在这里。

回忆小学时期，女生其实是非常优秀的。可我想说的并不是男性更优秀或女性更优秀。无论是女生还是男生，优秀的孩子就是优秀，迟钝的孩子就是迟钝。大家都有自己擅长和不擅长的地方，那是理所当然的。

然而，有的男生小学、初中时期学习不好，如今再见面，却成了社长或是高管，十分神气。与之相对，那个写字很漂亮、上高中时得过文部科学大臣奖[1]的女生，那个绘画作品参加市里比赛得了金奖的女生，还有那个数学特别好的女生，那些觉得自己是天才的女生，如今又在做什么呢？她们成了普通的家庭主妇，正忙着鞭策家里的三个考生孩子呢。她们的才能究竟到哪儿去了？都说人到七十也能成为画家，但我多么希望她们无须中途重拾画笔，而是从一开始就成为画家，用美术向我们展示全新的世界。我真心希望她们能活出自我，扬名立万。

---

[1] 由日本文部科学省颁发，旨在表彰在科学、艺术、教育等多个领域做出卓越贡献的团体和个人，是日本"国宝级"荣誉。（编者注）

男人不论有无才能，只因为是"男人"，就会得到所有人的鞭策，所以都能成为独立的社会人。女人同样具有一定的能力，如果能从小跟男孩子一样被寄予厚望，照样能打拼出一片天地。然而，她们的父母却身先士卒地说出了"你只是女孩子""女孩子太成功只会被男人嫌弃"这种话，丝毫不期待她们得到社会性的成功。他们从一开始就没有考虑培养女孩子的能力。简而言之，父母、老师和社会都把女孩子当成了会跟男人结婚成为其附属的人，除此之外不对其抱有任何期待。而正是这种期待的有无，决定了一个人能被激发出多大的能力。

前不久，当保姆的朋友告诉我一件趣事。两个一两岁的小孩正在玩玩具马，女孩子想骑上去，男孩子却说："女孩子要在一边看。"一两岁的小孩子都已经通过电视等渠道学会了：男人是行动者，女人是在旁边拍手的人——人生的旁观者。

常有人说女人天生温柔，擅长关注细节，其实那是假的。排除个体差异，那些都是习得的能力。孩子只要能看见东西了，从出生几个月就开始了学习。比如，孩子看见母亲的背影，学习到那个头发长的人总是在厨房背对着自己发出"咚咚"的声音。又如，孩子学习到那个头发短、散发着特定气味的人总是提着包出门去。此外，孩子还能通过电视、托儿所和街坊邻里获得各种信息，学习到自己是女孩子应该这样做，自己是男孩子应该那样做。如此这般，孩子每天都在学习。

都说"三岁看八十"，孩子长到三岁时，已经习得了男女两性的性别分工。与其说是天生，更应该说他们受到了父母的影响，受到了社会的规训，这些因素极大地左右了他们的成长。

讲讲我个人的经历。上初中时，老师曾这样说："女生学习再怎么好，有了初潮以后就不行了。"这是他在家长会上对我家长说的话。我本来就苦恼于低人一等的自卑，极度缺乏自信，在那之后更是觉得前途一片黑暗，恨不得去死了。

如果女孩子也能被寄予同样的希望，就能跟男孩子一样，甚至超过男孩子。举一个例子，从著名的哈佛商学院毕业，在社会上功成名就的女性，绝大多数家中没有兄弟，被父亲当成儿子培养[参照安妮·雅尔丁、玛格丽特·亨宁的《女性管理者》(*The Managerial Woman*)]。再看能够在奥运会出场的女性运动员和女性职业高尔夫球手也会发现，很多人得到了身为退役运动员的父亲的指导，得以成长为优秀的选手。

第三章　变成小小的女人吧

如此看来，一个人是被当成女生培养还是被当成男生培养，其人生的出发点会大不相同。日本内阁府做过统计，为了生育而辞去工作转为临时工的女性与一辈子全职工作的大学毕业女性，二者终生收入的差距高达两亿四千万日元。这种差距甚至会体现为退休之后的养老金差距。一直工作的女性退休后每月能拿到十五六万日元的养老金，而中途出来工作的人因为工龄太短，只能拿到五万日元。那些一辈子依赖丈夫，没有自己的房子和工作，只能靠国民年金生活的女性老了会十分凄惨。而那些丈夫去世，不得不依赖孩子的女性则更让人可怜。因为孩子的生活也不宽裕，本来应该随心所欲的退休生活也成了每天都要看孩子脸色，担心成为孩子的包袱，整日郁郁寡欢，最后陷入痴呆的窘境。

在束缚中成为小小的女人

童年的经历让我深刻体会到了为"女性气质"而活有多么不自由。活得像个女人，意味着对别人言听计从，要时刻关注周围，还要谦恭忍让，遇事就说我不懂、我不擅长，要捧着对方，尽量不发表自己的意见。换言之，就是让自己无限缩小。

哪怕想说出自己的主张，我也害怕别人说我"不像个女人""那家伙真怪"。于是只能一味地考虑别人的感受，忧心忡忡地想"如果我这么做别人会怎么说""如果我那样说会不会被笑"，很难发表自己的意见。反过来，即使我直白地说出"那样不对"，过后也会不断反省"刚才不应该说那种话"，让自己痛苦不堪。只是说出自己的内心所想，也会痛苦不已，于是精神越来越紧绷，越来越衰弱，越来越不能保持自我。

像这样拼了命地培养起自己的"女性气质"后，我就理所当然地失去了集中力和积极性。如果以这种状态走上社会，别人无疑会说女人做不好工作。简而言之，"女性气质"充沛就做不好工作，"所以，女人不行"。可要是女人工作做得如鱼得水，他们又会嫉妒地说"一点女人味都没有"。不管选哪个，都得不到认可。这在女性学研究中，被称作"double bind"（双重束缚）。

而且，即使女人努力学习，有了一技之长，一旦结了婚也往往会以家庭为先，很难发挥自己的能力。因为社会帮她决定了"女人的幸福是婚姻"，女人即使有梦想，也没有机会实现，眼前只剩下结婚的道路，既然如此，干脆学学化妆和穿衣搭配，吸引个好男人得了。就这样，女人在得到女性气质的同时渐渐失去了自由，最终走进与梦想和野心无缘，只能靠消费取乐的生活，白白浪费掉大好的青春。

以爱为名的支配

昭示女性身份、束缚女性自由的服装

我们都以为是自己在挑选衣服的款式和颜色,其实内心早已装满了各种规范,我们在无意识地遵从着那些规范挑选款式和颜色。

上了年纪的人要穿不那么花哨的衣服;给新生儿送衣服,男孩子要送蓝色,女孩子要送粉色。

有托儿所的幼师告诉过我,某天一个两岁左右的男孩子上厕所,正巧门口只剩了一双粉色的拖鞋,男孩子就说:"没有男孩子的拖鞋,我不上厕所了。"并且真的坚决不去上厕所。那个孩子在年仅两岁时已经有了固定的身份认同。

说起制服,不仅初高中生有制服,银行女员工和百货商店的店员也有制服，这些制服的颜色和款式都由学校和雇佣方来决定。只不过，学生和银行员工们在放学后或八小时的劳动结束后，可以换上自己的衣服。

相对地，奈良时代的平民服装在颜色和款式上都与皇族和贵族做了严格的区分。他们不只在工作中，而是时时刻刻都要穿着国家规定的衣服，与个人意志毫无关系。如此一来，服装就成了身份的象征。当时的统治阶级决定了国民的身份，并要求他们服从，并对其进行严加管理。

照着这个思路，女性同样被时时刻刻要求具有"女性气质"，这相当于社会规定了女性的身份，使她们必须按照那个身份生活。由此可见，女性的服装同样是女性身份的象征。

现在也许不会有人觉得裙子是身份低于男性的人才会穿的服装了。只不过在大约三十年前，我成为大学的专任讲师，穿着长裤开始讲课时，还是有一个中年男同事提醒我说："你是个女的，得穿裙子。"

我选择长裤本来就是因为它比裙子更方便活动，做起事来更灵活，然而却有人以"你是女的"而禁止我这么做。那么，女人的服装究竟是什么？如果女人不能穿更方便活动的

"男"装，那岂不是意味着"女"装本身就是妨碍女性，表明女性身份不如男性的歧视性物品？这便是我当时的感想。事实上，法国有一句俗语叫"拥有短裤者拥有自由"，虽然这句话说的是男性，但其深意在于穿着更便于活动的裤子的人，能成为更完整的人。

随着时代的变迁，女装逐渐束缚了女性的身体。人类因为有了两条腿才能走路，裤子显然更方便活动。村上信彦在《服装的历史》（理论社）中提到，古代男女都穿着类似七分衬裤的下装。那个时期，女性跟男性一样参与到了军事、政治、经济等各种社会活动中。

然而，随着男性支配力量的强化，女装逐渐从两腿式转变为一腿式。平安朝以后，女性的财产向男性转移，男性的袴[1]可以露出双脚，而女性的袴则不再露出双脚。不露出双脚，走路就不方便，于是无法逃跑。和服与紧身裙都将两条腿裹在一起，限制了女性的活动。它不仅束缚了女性，还使下半身处于开放状态，能被人随时从下摆伸手进去。

---

1 日本传统裤装。（编者注）

简而言之，女装在限制了女性自由的同时，还使女性的身体对外开放，处在毫无防备的状态，方便男性接近。西方女性的紧身胸衣和日本女性的和服腰带，都是捆绑女性令其失去行动力，满足男性让女性体形更小之愿望的工具。和服腰带最开始只是纤细的带子，室町时代的女性都像男性系兵儿带[1]那样将腰带松松地系在腹部下方。可是随着女性社会地位的降低，腰带的宽度越来越大，到了江户时代已经完全遮住了整个胸部。不仅如此，女性穿好一件和服还要用到各种各样的绳子，她们的身体被大量的绳索紧紧束缚、压迫住了。就这样，男性社会逐渐剥夺了女性身体的自由。

---

1 兵儿带是日本男子或小孩系的一种布腰带，最初是萨摩地方的士兵所系，故名。（编者注）

为何强制初中女生穿制服短裙

很多人都认为男性和女性仅仅因为性别不同所以着装不同，但是仔细观察就会发现，女装相比男装通常更不方便，更缺乏防御力，而且更不健康。这是因为女装的特征主要集中在了两点上——束缚身体、裸露身体。就是这种束缚和裸露，剥夺了女性的自由。生活艺术家驹尺喜美曾说："女装就是囚装。"静冈县的三岛曾发生女性在押人员被狱警侵犯的事件。尽管报道上只说了"猥亵"，但在押人员实际上遭到了强暴，所以女性为此奋起抗争了。狱警平时管理着牢房钥匙，只要愿意就能自由进入女性在押人员的单间。单间里的女性无处可逃。即使逃走了，她也是在押人员，一定会被抓回来。

身穿露胸的裙子，其实也是同样的情况。裙子的防御力极低，别人把手伸进去，或是猛地掀起来，穿着者毫无办法阻挡。穿裙子的人无法保护自己。

而且一旦穿上裙子，活动就会受限。由于要不停地担心裙子会不会翻起来，裙底会不会被人看见，穿着者会变得十分疲劳。穿着者还要一直烦恼腿该怎么放。人坐在椅子上，双腿本来就会微微分开，但是穿裙子的女性必须一直合拢双腿不令其分开，这会使身体始终处在紧绷的状态。同时，这种故意关闭身体的姿势，还有双腿交叠的姿势，甚至有可能被理解为故意献媚。

如此想来就会发现，初中和高中的女生制服一律被规定为短裙是十分可笑的。明明在上小学时还能自由选择穿裤子或裙子，到了初高中就必须遵照学校规定穿着短裙，这究竟是什么道理？说白了，就是学校强迫女生"要有女人味（要可爱）"吧。前文已经阐明所谓的"女性气质"其实是精神阉割。学校强制女生穿短裙，强行施与活动性小于裤装的服装，等同于把不方便强加到女生头上。那是肉体的控制和束缚，也是彻头彻尾的歧视。

为何要强制青春期的女生穿那种毫无防备的服装？为何不在孩子为了将来努力成长的关键时期，在伴随着更多危险的时期，要求她们"为了方便活动，同时也是为了保护身体，必须穿裤子"呢？

穿裙子还是穿裤子，我觉得至少要有这两种选择。在孩子最重要的时期不让她们自由选择着装，而强制她们穿上短裙，远远称不上自由社会的教育。

定义了女性审美和服装的男性凝视

若问女性穿高跟鞋和短裙的审美究竟从何而来,答案是源于甲板上的王公贵胄,也就是男性。而男性凝视的媒介,则是男性本位的媒体。媒体的世界,从电视到杂志,主导权几乎都在男性手中。我们内化了手握主导权的男性宣传的审美,将其误以为是我们自己的审美,并且乐在其中。自我越不坚定的人,就越容易被那种审美左右。

戴安娜王妃在世时,人们看见她戴帽子,穿圆点花纹的服装,便也纷纷模仿,即使那其实不适合自己。看见秋篠宫妃[1]戴珍珠，大家也都争相戴起了珍珠。所谓时尚，本来就是自上而下传播的东西。现在即使没有了贵族和上流阶级，杂志和电视节目也会凭借其传媒力量介绍时尚模特，普及设计师创造的新款时装。所以大家都去模仿时装模特和女艺人的穿着。英国的朋克风潮是自下而上的反体制潮流，但它也只是激活了既存的时尚界，被主流吸收，最终失去了活力。

占据了时尚界中心地位的人同样几乎全是男性。就算里面有女性，她们为了存活在男性本位的社会中，也不得不遵循男性的审美。所以，女性设计师设计服装不一定是为了女性的自由。虽说是设计师，但她们做的也是生意，要想卖出去就必须将男性凝视内化，按照他们的审美设计女装。

年轻人喜欢的迷你裙一开始的卖点应该是便于女性活动。事实上，迷你裙相当于缠在腰上的一小块布，确实能让双腿自由开启，看起来活动特别自如。尽管如此，那种服装无论怎么看都很容易遭到侵犯。裸露大腿的设计很难不让男性误以为那是在暗示："我很有魅力吧，你随时可以过来哟。"也许一部分

---

[1] 日本皇室文仁亲王的妻子。（编者注）

穿着迷你裙的人确实带有那样的想法，但即便如此，那也是极其危险的服装。穿着迷你裙的人在身体得到解放的同时，应该也会感到极大的压力。

我认为，那种服装假设了世上男女平等，男性绝不会野蛮地袭击女性，相当于掩盖了现实。我当然希望那样的时代早日来临。届时，无论是男是女都能只穿一条内裤走在大街上。但现在并不是那样的时代，这让我不禁感到女性被那种假装岁月静好的服装欺骗了。

最近渐渐有了一些对女性身体友好的宽松服装，然而日本的女性服装主流依旧是修身和裸露。这种时代的错误令人难以容忍。

年轻女性还被植入了瘦等于美的观念，拼命想让自己变得更瘦。她们控制饮食，不科学地减肥，最终导致骨质疏松，饱受脱发之苦，还闭经好几个月，健康受到严重损害。每个人最健康的体重各有不同，但她们毫不理睬这些，还是为了能穿上市面上偏小的服装，拼命地让自己瘦下来。

这些人为了"有女人味（变可爱）"而丢失了"自我"，又因为没有"自我"而盲目追逐流行和风潮。"自我"的有无与学习成绩的好坏没有关系。她们就算再聪明、能干，只要依存心理太强，就会因为男朋友的一句"你胖了"而疯狂减肥，陷入无可挽回的不健康状态。

改变被规训的审美，脱离歧视文化

一般来说，如果被认为是美的东西给人带来了痛楚，或是令人受到折磨，它就不会一直被认为是美的。如果会危害到生命，则更是如此。

穿高跟鞋会让胸部和臀部更挺翘，给人以性感或可爱的审美印象。可是当我们看到因为大脚趾外翻而扭曲的脚，意识到那种美会折磨我们的身体，就再也无法高高兴兴地将高跟鞋穿在脚上。看到周围穿高跟鞋的人，即使内心的陈旧意识依旧觉得"哇，好漂亮"，知道其害处的新意识也会觉得女人为了美竟要这样摧残自己，实在太可悲了。

与其追求扭曲的生命，不如过得轻松自如，散发出生机勃勃的美。难受的时候仔细思索是什么让自己难受，然后舍弃让自己难受的东西。即使脱掉塑形裤后屁股下垂，只要那是自己选择的，也就能接纳那样的结果。如果不改变被规训的审美，女人就得不到自由。因为身体的解放直接关系到了心灵的解放。

审美是在成长的环境中自然养成的东西，从这个意义上说，也是十分陈旧的东西。学到新事物时，人的头脑能接受，内心却跟不上，就是因为陈旧的审美。所以我认为，审美就像人的尾椎骨，人们自己都不明白内心为何会形成那样的审美。更可怕的地方在于，人们还是会用内心的这个部分去判断各种事物。改变审美看似不可能，但只要深入分析自己的成长历程，从童年审视到现在，就会发现自己的审美其实发生了许多改变。

什么是美？什么是性感？这本来是非常私人的感觉，但它也会受到社会体制、经济、风俗习惯和待人观念的影响。在不同的时代、不同的地方，人的审美也会有所改变。有的时代欣赏鲁本斯[1]笔下的丰满女性,有的时代则欣赏莫迪利亚尼[2]笔下的纤细女性。

反过来说,我们只要有心,就能通过改变对事物的看法,也就是改变价值观,来改变自身的审美和性意识。

就在不久以前,男性只要稍微注重着装打扮,就要被人说"不像个男人"。现在已经不同了,会打扮的男人更受欢迎。另外,过去都说"君子远庖厨",下厨房的男人要遭人嫌弃。但是,随着反对性别分工的观点逐渐渗透,人们开始欣赏积极承担家务和育儿工作的男性,这种变化可谓翻天覆地。随着生活态度的改变,男女服装的审美和美的规范自然也会发生变化。

如果想摆脱歧视性的文化束缚,过上自由的生活,那么首先要反省自身的审美。抛弃被规训的审美,转而培养自己的审美,我认为这样的做法更有个性,更现代化,也更美好。

---

[1] 鲁本斯:佛兰德画家,巴洛克艺术的代表人物之一。他的绘画色彩瑰丽,追求粗犷、肉感与人体力的表现。(编者注)
[2] 莫迪利亚尼:意大利画家,为巴黎画派的主要代表之一。善用线条表现被画者特征,带有表现主义痕迹。(编者注)

成为玛丽亚或夏娃，还是成为一个人

　　服装与人的思维方式和生活方式息息相关。通过服装就能看出一个人想要与社会形成什么样的关系，希望得到男性怎样的对待，以及是如何看待自己的。此外，还能看出她是否珍重自己，是在努力寻求自我，还是在随波逐流地生活。

　　如果女人想要珍重自己、珍重自己的人生，最好先做到审视自己的服装，避免服装危及自身，而不去考虑别人会怎么想。性别歧视是施加在女性头上的不利与不便，会对女性造成社会性和精神性损害。在这个男性本位的社会，文化本身就是歧视女性的。大家都不知道那是歧视，反倒视之为自然。正因为存在名为"自然"的歧视，我们才很难发现它的本质。文化形成了自然，维持着歧视的状况，令歧视长久地存续下去。

所以，部分女性会说："我从来没有被歧视过。"很多男人也说："我一次都没有歧视过女人。"父亲出门工作，母亲在厨房忙活，这已经是"理所当然"的事情。它已经成了深深根植在生活中的"自然"，让人意识不到其本质是歧视。

大家都认为女性要穿裙子才有女人味，要抹口红才有女人味，要穿高跟鞋才有女人味，但这些有"女人味"的服饰妆容，却导致女性嘴唇变得脆弱易干，容易患上大脚趾外翻，健康受到损害。当我们意识到这个问题时，就会发现，那些号称"自然"的女装其实是对自己有害的。

然而，我们已经过于习惯那样的服装，即使它对身体不好，也会无奈地接受。有的人甚至在习惯之后从中体会到了舒适，比如"夏天穿裙子凉快"。但是也可以说，女性之所以多有手脚冰凉的毛病，正是因为女装在脖子、双手和双腿等处都是敞开的。除此之外，塑形裤这种东西还会令腰部血液循环不畅，成为许多女性腰痛的原因。

有的男人会说，男性也会受到领带的束缚。系领带也许真的很痛苦，但领带之下的衬衫领子能够保护颈部动脉，防止体温散失，即通过减少皮肤裸露面积来保护身体。即便同样是束缚，它的束缚性质也不同于女装。反过来，越是时髦的女装就越会裸露出热量散失最快的手腕、脚腕等关节部位，所以才有很多容易手脚冰凉的女性。

女人应该挑选更包容身体的服装。从早到晚都要扮演"女人"，只会筋疲力尽，提前衰老。如果不得不妥协，也可以按照TPO原则[1]选择着装。工作时穿着有自我风格的、方便活动的服装，回家后换上无防备的裙子放松身心。等等，是不是反了？难道不应该是在外面穿毫无防备的裙子，在家换上长裤？若是出门约会，也可以换上性感高调的服饰，浑身散发出"快来撩拨我"的气场，令约会对象大吃一惊吧？假如男朋友喜欢高跟鞋，跟他见面时大可以穿一穿吧？但是，也请试试让男人穿一回高跟鞋。只要是内心温柔的男人，定然不会让你再穿那种东西。

不管怎么说，都不要违背自己的个性。要去利用那些一

---

[1] TPO原则指着装时需要考虑Time（时间）、Place（地点）、Occasion（场合）。（译者注）

直以来歧视我们的服装和时尚，但也要培养自我本位的审美，绝不能沦为它们的奴隶。我认为这才是自己的个性，也是自己的财富。今后请不要再去迎合市面上的服装了，我们要不断提出诉求，让厂商转而生产迎合我们身体的服装。

　　成为玛丽亚或夏娃，还是成为一个人，就在于你能否在一件小小的衣服上表达自身的意志。

第四章

逃离菲勒斯中心主义

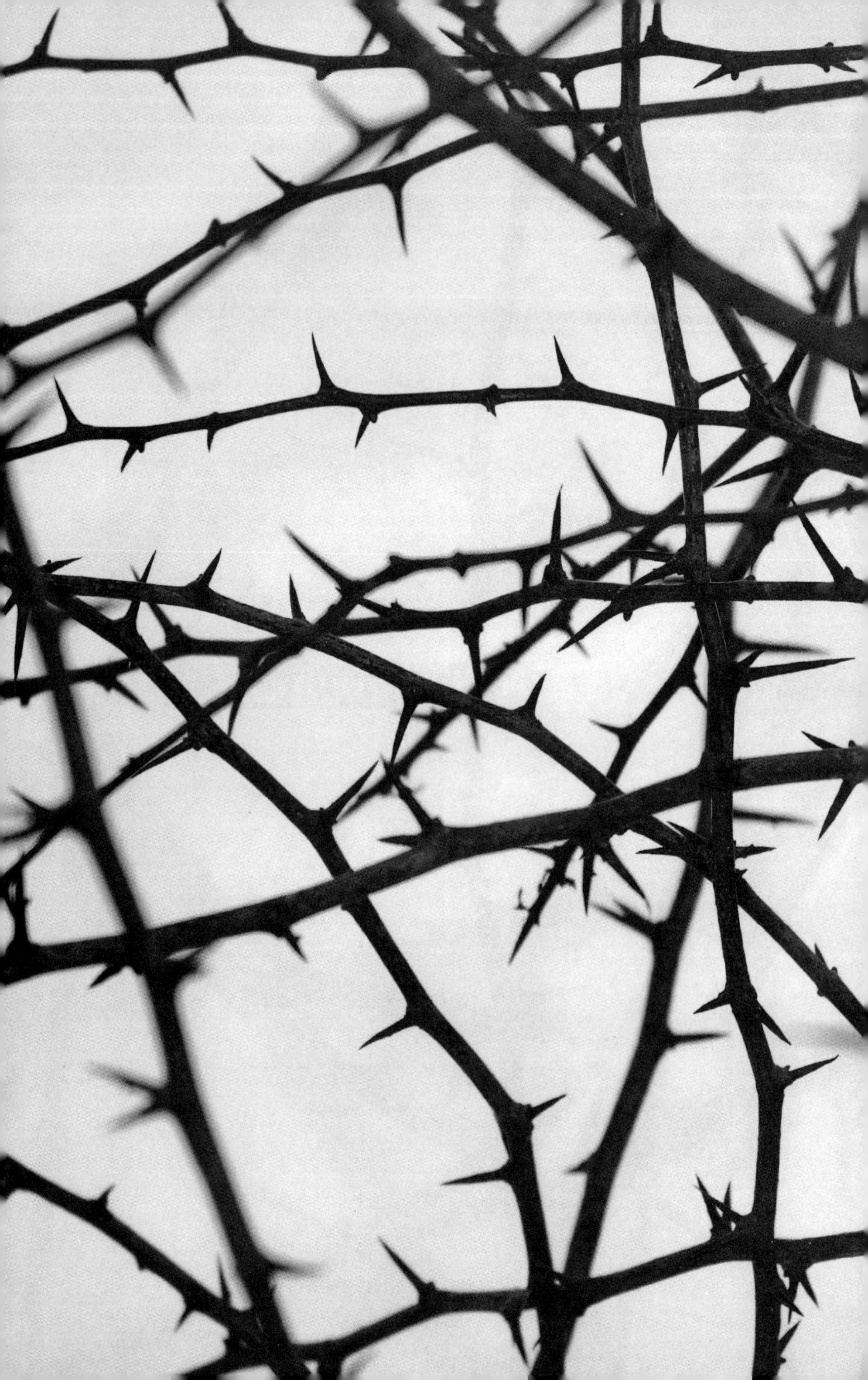

侵入式的性爱是对女性身体的粗暴占领

性意识本身是极其私人的。正如每个人都有不同的人生，每个人的性意识也各不相同，所以想要贯彻自己的性意识，必须拥有自由。明确地说，无论女人还是男人，只要过着被别人豢养的生活，就别想拥有性意识的自由。

北野武[1]曾在《微笑》杂志（祥传社）中写过男女之事，有那么一个时期，他的观点是"说什么男女平等，女的只要跟她来上一次就完事了，轻松到手"。

1　北野武：日本著名电影导演、影视演员、相声演员、电视节目主持人。（编者注）

对女人来说，性爱是"跟喜欢的人进行爱的交欢"，但是换作男人，性爱就是力量的比拼，是征服。只要征服对方就完事了，关键在于推倒。男性的性器官本来就是攻击的形态，而女性则是打开身体接受对方，所以从关系上来看，男女性爱有时会像男人手持武器侵略女人的国度。说白了，男人认为只要睡过一次就相当于占领了对方的国土，不管那是强暴还是男欢女爱，在男人眼中结果都是一样的。"我占有了那个女人"，这句话最能体现出男性的这种心理。

但我认为，这并非源于男女性器官的形态之别（一方是突出，一方是凹陷），而是在谈论形态之前，男女之间已经存在文化性、制度性的等级区分，并从中衍生出了对女性的蔑视，因此男性才会得意于自身性器官的固定形态，展开支配式和侵略式的自私性爱。实际上，男性与女性交媾时，有的人感觉到了女性的温柔包裹，有的人则感觉到了被女性吸入其中的恐惧。

安德烈娅·德沃金在《性行为》（*Intercourse*, 1987）一书中提到了跟北野武之说意义相近的话。她认为，在男女不平等的社会中，性交对于女性而言，等同于自己的身体被侵略、被占领。我认为这是事实，所以北野武的发言也可以说是对现状极其尖锐的分析。

在女人被困在家中搓洗内裤的社会，性交次数越多，男性就会越轻视女性对象。换言之，男人已经将那个女人占领，支配了那个女人的存在。发生性交之后，男人若是与女人成为一对，他就会若无其事地让女人为他搓洗内裤，而女人无须男人开口，也会主动为他搓洗内裤。

男人毫不犹豫地把自己视作顶级耻辱的事情推给女人，并且不给任何薪酬，那他们肯定是很感谢女人的，毕竟那就是值得感谢的事情。然而，就算男人心怀感谢，他们也不会尊重那些默默完成工作的女人。正如上文提到的《阿弄集中营》的部分所述，男人把自认为应由社会底层人员做的事情全部推给了女人，如果把这种行为带入婚姻或家庭中，男人绝不会珍重自己的性伴侣。

男性本位的性爱与成为附庸的女性

只要女人还被关在桨帆船底舱,整日听男人吼叫"是谁养活了你",并默默从事家务劳动,那么男女关系中的性行为就不可能不被带入等级关系。这样的性行为会理所当然地成为男性本位的自私行为。若其性质停留在男人压着女人只顾满足自己,或是男性为了满足自尊心开恩让对方"高潮",那也是完全不奇怪的。

然而,我们女人希望身为恋人和妻子的性行为能够不同于强暴。我们希望感受到自己得到了特别的呵护。只可惜无论愿望再怎么强烈,女人都无法得到满足,因此内心的怨恨逐渐堆积。总而言之,已婚女性普遍都试图说服自己性爱是一种任务。我还听说有许多人早已厌倦了服侍她们自私的丈夫。

一直以来的男女性爱，都是以男人性器官为主角的行为，女人作为附庸只能被迫配合。只有男人乐在其中的性爱成为主流，男人即使努力取悦女人，也不是为了女人，而是为了服务自己的性器官。

面向年轻人的性爱指南虽然也考虑到了女性，但始终停留在"女人都……"的一般论调，实质是以不惹恼女性为目的的自卫式指南。女性在那些指南中宛如婴儿玩偶，按了这里就会唧唧叫，按了那里就会哇哇叫。

普通的男人更倾向于追求能让他们误以为（或是幻想）自己能够支配的年轻女性。换个极端点的说法，日本男性普遍是萝莉控[1]，因为他们的性行为能力极不成熟，只能与自己确信能够掌控的对象开展性关系。换言之，他们并没有锻炼出能够与成熟女性发生关系的扎实的人际交往能力。只要对象比自己更娇小软弱，他们就会格外放心，从而产生性欲。也就是说，日

---

[1] 萝莉控："萝莉"源自"洛丽塔"，指幼女；"控"则是"complex"的音译缩写，意为"情结"。（译者注）

第四章　逃离菲勒斯中心主义

本男性的支配欲跟性欲有着紧密的关系。

正因如此，我们才会听到上文那种已婚女性的想法。因为她们与男人之间进行的只不过是射精完成型的性爱，或者说男人只满足于听到女人的娇喘，而女人的感受、想法和心情对他们来说都不重要。换言之，世上明明存在人与人身心共鸣的性爱，但轻易就能获得性高潮的男性并没有将性意识开发到那个高度。

男人心中还残留着陈旧的意识，认为战斗、攻击、征服才是"男性气质"。这种意识产生在人类整体贫瘠，只有肉体作为资产的古老时代，现在他们却在与女性的性行为中对其毫不掩饰，着实令人困扰。

以爱为名的支配

非侵入式的爱

我提议，干脆让男人练习一下不使用自己的性器官、不将女人作为工具的性爱，看他们能否用这种方式去爱别人。正因生出了这样的器官，男人才会完全依赖于它，自以为只要侵占插入就算完成使命。既然如此，不如专门找两个小时试试如何使用非侵入式的方式疼爱对方。如此一来，男人就会发现自己在爱的领域究竟是不是无能。同时，这也能让他们明白，没有爱一切都是不行的。

我想，男人的意识中或许存在着菲勒斯综合征，即性器官掌控了男性的所有意识，仿佛"男人"等于"他们的性器官"。若是如此，那未免太没出息了。这种人一旦上了年纪，勃起困难，就会觉得"我不再是男人了"，宛如丧失了全部人格。这有点像女人停经后自觉"我不再是女人了"，从而变得歇斯底里。

这类男人的"男性气质"一旦受到威胁，如果对方是女人，就会用自己的性器官加以恐吓；如果对方是男人，就会替换成手枪或刀具加以恐吓。就算没有性器官和武器，他们也要凭借体力和暴力逼迫对方服从。这种行为单纯得如同儿童所想，但他们都认为只要这么做了，别人就会为他的男性气质折服，全然不知女性其实打从心底里厌恶和轻蔑那样的男人。

男性误认为不进行插入就无法满足女人，原因之一应该是生殖幻想。举个例子，一对夫妻决定了只要两个孩子，那么之后无论发生多少次性行为，都与生殖毫无关系。如果对这一事实的理解进一步升华，男性对性爱的感知、对女性的看法肯定都会发生改变。最好仔细想想在接下来的几百几千次性行为中，双方的目的何在。如果不再是以生殖为目的的性行为，那就应该是让彼此身心交融的沟通。

如果只是"有或没有高潮"的问题，那女人只需要自慰即可，这样一定能获得高潮。男人其实也一样。如果男女间的性行为只是以高潮为目的，那么不管有没有爱，至少要彼此尊重，保证公平，尽到礼数。至于二人的交合是否有更深层的意义，每个人自行思考便好。

在此之前，男性利用自己更高的社会立场，一直重复着自私的性行为。女人不管是否爱着男人，都只能默默忍耐。可是今后，男人如果一直坚持把女人的身体视作工具，坚持那种毫不体贴的行为，那些能够自立自足的女人将不会再默默忍耐，而是不断远离男人。与此同时，女人也不应该再依赖男人，而要主动探索并了解自身的性意识。

为融入男性社会而讨要爱的女人

我认为爱与恋是不一样的，爱与性也可以分开看待。就算没有爱，也可能会觉得对方性感，对对方怀有好感，与之享受快乐的性行为。反之，如果对方是个自私的男人，就算爱得再深，二人的性生活也始终是贫瘠的。跳出"因为爱你所以可以跟你发生性行为"的问题，还可以在不同的维度展开富有创造性的性行为。

在此之前，女性一直对与爱恋无关的性行为感到不齿，认为"上床怎么能没有爱"。那么，"爱"的本质又是什么呢？

凡是以女性为潜在消费者的杂志和电影，都喜欢打出"爱与恋"的主题。翻开最近的杂志，满眼尽是"为了得到爱""用性爱获得美丽"这些话语。

现在的女性一年到头喊着"爱！爱"，不断向男人乞讨，其原因应该在于女性的实质是二等人的现实。

因为摇钱树都被男人独占了，被关在桨帆船甲板之下的女人只能向男性主人乞讨，走进被规定为女人之道的婚姻制度，在其中苟延残喘。为了融入这样的男性社会并在其中生存下去，她们首先要缩小自己，让自己变得不起眼，以免招来男性的憎恨。她们从日常的体验中学会了要对男人言听计从、千依百顺、口口称是，如此才能保得生活的安稳。

女人沦为奴隶之后，若没有甲板上的主人的爱与恩情，就连一口吃的都得不到。与其被憎恨、被殴打施暴，得到主人的爱显然更好。得到了爱就得到了重视，能向主人撒娇，得到更好的待遇。于是，没有人生自由的女人开始渴望找到富有、宽容而温柔的男人。因为这样一来，她们就能讨要到一些自由的碎片。

女人的求爱之所以发展成了献媚的形式，原因恐怕也在这里。为了讨要食物和自由的碎片，她们不得不这么做。但是这种情况实在持续了太久，女人讨要爱情已经成为常态，不知不觉就被公认为"女人为爱而活"了。

孩子不停地喊着"爱！爱"，向大人寻求保护，向男人讨要爱情的某些女人也如孩子一样奴性十足，甚至会主动挺身证明自己已经沦为男人的奴隶。实际上，女人一直讨要男人的爱，一直自愿成为男人的手下，这对男人可谓天大的好处，所以男人自然会觉得那样的女人"很可爱"。

然而，就算觉得可爱，男人也不会把女人当成一个人格完整、独立的人，并给予尊重。不仅如此，正如前文所述，男人的性意识中存在着一个触发器，只要碰到自己尊重的女人，就可能无法与之发生性行为。这就是男性本位的文化通过漫长的岁月培养起来的"男人感性"。

失去自我的女人成为性别歧视的帮凶

很多人都会说"可我男朋友真的很爱我呀""可我老公真的很爱我呀"。但是爱也分高低。毫不客气地说，受歧视的女性与男性的关系等同于宠物与人类的关系。宠物是被豢养的，只要给予一点宠爱，它就会亲近人。宠物摸起来手感柔软，从来不会对人提过分的要求，也不会过分主张自我。主张自我的时候，宠物会叫，会扑腾撒娇。这时人就会说："嗯，好乖好乖，那就给你饭吃吧。"而且，喜欢猫的人看到什么猫都喜欢。我有个男学生这样说过："老实说，只要是个女的我都可以。"

不过，男人也有尊严和喜好。那么事情会变成什么样呢？有钱的男人会说："我只养波斯猫。"而有点受虐倾向，或者什么事物都想挑战一番的男人会说："我只养暹罗猫，挠人的那种。非那种不可。"因为暹罗猫爱挠人伤人，总是被戴上项圈和绳索拴在门口。这种圈养方式给猫造成了极大的压力，使猫变得更容易伤人。这样一来，男人就得到了无上的快感。男人的爱好多种多样，处在被豢养状态的女人，归根结底其实与宠物无异。

那么，像我这种不被男人养着的女人算什么？可以算是流浪猫吧。流浪猫的社会待遇连宠物都不如。比如我就一个问题展开争论，到最后连别的女人都会说："你连老公都没有。"因为人们普遍认为有人养的宠物猫等级更高，她们想说的其实是"你这不知道主人疼爱的流浪猫怎么会理解宠物猫的幸福"。但既然都是猫，又何谓理解不理解呢？

前不久，我跟一个中年男性同事探讨了一个问题。在此之前，我跟他不时一起打网球，关系还算不错，他还说过："单身女性真好啊，奖金全部归自己。我好羡慕田岛老师，总是那么活力四射、英姿飒爽。"但是在眼看着争论不过我时，他最后说了什么？他竟然说："你这个半吊子。"我想，这就叫作露出了马脚吧。

以爱为名的支配

有人听了"女人是宠物"这种话就会反驳:"就算是,宠物也得到了万般宠爱呀。"近来连宠物都拥有了良好的医疗环境,若是吃多了美味的猫粮,又会因为运动不足而肥胖早死,宠物甚至能得到一方墓地。看见那些冬天穿着小马甲的宠物,自然能想象它们得到了万般宠爱,可你会希望变成它们吗?宠物的境遇就是女人的境遇。阿猫阿狗得到的宠爱就是女人一直以来渴求的爱。可是一旦被抛弃,就万事休矣。

再说一个我的亲身经历。我上初中时很喜欢猫,家里也养了猫。那只猫成了我的心灵慰藉。可是后来,猫得了皮肤病。我母亲反复叮嘱:"抱着猫睡觉容易得肺痨,你可千万不能抱,不能让它钻被窝。"她说的次数一多,我也慢慢地害怕起来,于是有一天终于把正要钻进被窝的猫踢了出去。当时正是严寒的二月,猫不依不饶地一直往被窝里钻。我每次都踹它出去,最后它终于放弃,转身下了楼。第二天,那只猫就死在了附近的农田里。

不知过了多少年,我才能够平静地讲述这个故事。我万分痛苦,万分内疚,甚至想为它做一尊猫雕像。直到现在,每当我看见猫,内心都会一阵刺痛。我的猫一直死心塌地地跟着我，安慰我，而我却不给它治病，甚至把它踢出去，导致它被冻死了。

曾经的女性跟那只被我踢走的猫一样，"不下蛋就滚蛋""得了肺病就离婚"，一旦失去了价值，就要被赶出夫家。现在一谈离婚就要给抚恤金，所以男人即使在外面有了情人也不会轻易跟妻子离婚。尽管如此，无论过去还是现在，女人的境遇都没有改变过。

当然，踢走"宠物"的人也会难以忘记"宠物"曾为自己付出了一切，耻于自己的无情而潸然泪下。她那么爱我，我真对不起她。像我也为我的猫写过诗歌和小说，但那有什么用，猫死不能复生。

其实十九世纪的法国小说都是这个类型。男人要求女人接受自己的花心，却不准女人花心。他们对偷情的女人极其残忍。可是女人一旦死了，他们又难忍愧疚之情，流着泪怀念那个女人。她那么爱我，我却害死了她，她真是太可怜了。无论是大仲马、莫泊桑还是左拉，全都如此。《茶花女》《一生》《娜娜》，还有梅里美的《卡门》，无一例外。这些都是为追悼命运凄惨的女人而写的小说，同时也是作家炫耀自己得到了如此

以爱为名的支配

美妙的爱情的小说。

然而,那些被"女人为爱而活"洗脑了的女人读到这些小说时,都会感叹:"我也想得到一个男人如此炽热的爱。如果能得到那样的爱,我死而无憾。就算被杀了也心甘情愿。"那些只知道依赖男人而生的人,从来无法知晓生命和自由的宝贵。如果受众没有完整的人格,就会从小说中提取截然相反的信息,她们读了在女性歧视下诞生的小说,反倒走向了再生产女性歧视的道路。

规训女人爱慕男人的男性社会

女人都已经为"爱"而生了，却没什么人讲述女性主体的爱或女性视角的爱。无论是小说还是恋爱论，基本都是男性视角中的女性、男性所见的女性之爱，以及男性幻想的男女之爱。即使由女人来书写，其内容也不是女人的心声，而是代替男性书写的对女性的期待。也就是说，女性作家描绘的女性形象大体都以男性主义文化为基准，极少有人从女性的立场去描写爱情。

为何没有人去讲述真正的爱？归根结底是因为男人完全支配了出版界和思想界。那些人回到家里都有奴隶伺候着，如果要讲述真正的爱，他就要放弃那个伺候自己吃饱穿暖的奴隶妻子，彻底摧毁自己工作的世界。所以，男人从来不会说真心话，即使说了也不会试图改变当下的生活。对男人来说，即使他跟妻子之间没有爱，只要对方免费为他生儿育女包揽家务，那样就足够了，因为他可以去别的地方寻求爱情。

女人恋爱、结婚、产子，从事以爱为名的免费家务劳动。好不容易养大了孩子，接下来又要赡养老人、看护丈夫，即使没有爱，她们也会被家务劳动纠缠一生，同样要为此牺牲一辈子。说白了，几百年来，男人和社会不断鼓吹"女人一定要爱男人，一定要为男人付出一切"，就是为了榨取女性的无薪劳动。虽说是爱，那也是女人牺牲自我付出的爱。女人的这种"爱"组成了男性世界的根基，所以男人绝不会对任何人说出真心话。反倒是女性主义者站在女性的立场发出疑问，并不断主张改善男女之间的关系。

那么，"恋爱"中的男女力量关系究竟如何？首先，女人被放在了一个人无法生存的境遇中，不得不选择有经济实力并值得依靠的人。她们对金钱的要求优先于爱。因此直到现在，女性的择偶条件也还是"三高"（学历高、收入高、个子高）。同样，在恋爱这件事上，女性也绝不会喜欢上她们认为不如自己的男人。她们会喜欢拥有自己没有的东西，比自己更优秀或是有着难以解释的人格魅力，也就是具有领袖气质和神秘气质的人。换言之，她们喜欢的一定是让她们强烈地感到"这个人真好"的人。

简而言之，自我与理想的落差，往往会转化为对一个人的恋爱感情。女人首先在精神上折服，进而成为被男人豢养的人，在经济上也落入劣势，那么无法对那个男人大声说话也就成了理所当然。就算再不情愿，她也必须捧着男人。

所以，也许只有在恋爱圆满之前的那段时期（特别是男性喜欢上女性的时候）二人才是平等的。一旦男女配对，开始共同生活，二者之间就变成了领导和手下的关系。"恋爱中女人与男人平等"的说法是现代的意识形态，也是"性的政治"，是男性社会设计的针对女性的"骗局"。

此前，在这个一直以歧视女性为文化根基的社会中，男人独占了所有重要的资源。学术、产业、社会地位、房子，无一例外。男人能够以自己的名义得到薪水、银行账户和土地，同时还拥有上一辈传下来的姓氏。但是，女人一无所有。即使碰巧长辈生活宽裕，使她得到了一些恩惠，那也都是属于长辈的东西。假如从恋人那里得到了什么，那也是属于恋人的东西。尽管如此，女人还是希望得到这些恩惠，所以才想找有钱的男人结婚。正因如此，女性才一直处在贫困状态。

吸引男人时，女人最有力的武器就是美丽的容颜。只要有了这个，她就有可能实现跨越阶层的婚姻，然后是子宫和家务能力，再就是一些"女性气质"。换言之，只要女人够贤惠，愿意付出，她的人格完全不重要。然而，美丽的容颜终有枯萎之日，被冠以丈夫姓氏的孩子总有一天会离开母亲。等到丈夫离世后，她甚至不得不仰仗自己的孩子，实在是令人唏嘘。

川端康成在《雪国》中，借艺伎驹子之口说了一句话："能真正喜欢一个人的，只有女人啊。"能陷入爱河的只有女人。岛村这个男人虽然肤色苍白、身材肥胖，对驹子这样的乡间艺伎来说，他也是来自东京的男人，是信息的源泉，更是一心向往的存在（详情请参照前作《再也不想当女人》之"从驹子的视角解读《雪国》"）。

也就是说，置身于无法拥有财产、房子和信息的境遇中的女人，对一个可以拥有一切的男人心怀向往，最终产生爱意。进一步讲，男性社会内含了一种规训机制，让女人无论如何都会向往男人、爱上男人。这一机制的本质就是歧视。在这样的状况下，只可能发生歧视性的恋爱，反过来说，女人置身在唯有通过男人的爱方能找到自我身份认同的境遇中。这就是我对现状的认知。

爱与恋，美化恋爱的实质，宣称女人被男人吸引乃是本能，是自然，是动物的反应，如果毫不怀疑地全盘接受这些对男人有利的说辞，我们女人就永远得不到解放。如果不认清现状，打破歧视性的境遇，女人就会永远困惑自己与男人的关系为何如此不自由，为何永远谈不到真正平等的恋爱。以前的恋爱教科书都说，恋爱建立在男女平等的基础之上，但现实的男女关系只不过是附加了性行为的领导与手下的关系。如果不想清楚这点，就会永远被浪漫的恋爱价值观所欺骗，整日想着情与爱，在恋爱游戏中空耗了宝贵的青春。

《男女雇佣机会均等法》颁布以后，女性能够靠自己的力量得到曾经只属于男人的东西。工作、房子、社会地位，无一例外。我们至少要赚取自己的面包和落脚之地。也许只有跟男人站在同一条起跑线上，女人与男人的关系才有可能平等，并且产生出更丰富多彩、更有趣的内涵。

以爱为名的支配

《查泰莱夫人的情人》
最符合现代日本的男女关系

一说到美妙的性爱，我就会想到《查泰莱夫人的情人》。这本小说一共描写了从男爵夫人康妮与猎场看守人梅勒斯的八次性爱场景。这些场景满足了我的好奇心，让我知道女人与男人心灵相通，对彼此产生柔情之时会发生什么样的性爱，而故事中的浪漫场景也让人格外感动。我读大学时就很喜欢D.H. 劳伦斯的作品，《儿子与情人》《虹》《查泰莱夫人的情人》，从随笔到短篇，他的作品我都反复阅读，甚至毕业论文都选择了研究劳伦斯。

《查泰莱夫人的情人》以敏锐的目光捕捉到被现代工业社

会夺走了丈夫的妻子，以及与那对夫妻相关联的人们之间的关系。我感觉，书中的描述恰好符合现代日本的女人与男人的关系。

丈夫像痴迷玩耍的孩子一样痴迷工作，全然不关心妻子。于是妻子康妮感慨："我内心的怨恨，仿佛与眼前的山丘一样古老。"我想，现在的日本中年女性，恰恰有着同样的心情。

《查泰莱夫人的情人》出版于一九二八年，故事发生在一九一四年到一九二〇年英国中部煤矿小城的一座庄园中，也就是从男爵克利福德的宅邸——拉格比庄园。庄园里除了宅邸还有一大片森林，负责看守森林的人便是梅勒斯。他的父亲是一名矿工，而他以前则是一名铁匠。《查泰莱夫人的情人》几次被改编为电影，梅勒斯无一例外被塑造成了肌肉发达的健硕男子。由此可见，这个形象受到了男性第三者无不身材高大、精力绝伦的刻板印象的影响。其实小说中的梅勒斯纤细得堪称"瘦弱"，但他的动作十分"敏捷"，而且在生活方面十分"灵巧"。

克利福德从男爵虽然才三十几岁，但是在第一次世界大战中受伤，导致下半身瘫痪。他继承父亲的产业成了矿主，其埋首事业的热情和精神状态都与当今日本的企业战士如出一辙。

劳伦斯批判产业资本主义社会是"贪欲机制的浪潮",是"机械化的贪欲"。在那个"贪欲"的世界里,克利福德如鱼得水,发挥出了十二分的才能。对此,劳伦斯满是嘲讽地评价他的才能是"恶魔向工匠传授了智慧",称赞了他"聪明的头脑和令人恐惧的敏锐"。

对于才智双全的克利福德,他的妻子康妮则认为他在"感性的人生问题"上"只有十三岁的认知水平,像个孩子似的"。康妮不满于这个落差,但还是极力想改变丈夫与自己的命运,于是尽其所能地向丈夫敞开了心扉。然而她的丈夫却没有给出任何回应,真可谓一片真心有去无回。可以看出,克利福德并不把矿工当成人,而是当成了"物品",同样他也把自己的妻子视作了"附属物"。康妮批判了那样的克利福德,说他是个无法"触碰"的人。

"触觉"可以说是这部小说的关键词。"触觉"在这里除了肉体意义上的"触摸",还意味着彼此心灵的交融,也就是真正的交心。维多利亚时期比较重视双眼和双耳,将"可见"之

第四章　逃离菲勒斯中心主义

物与"可闻"之物视作知性的、正面的东西,而"触摸"因为包含了性行为,在明面上是被蔑视的。"触觉"被纳入了低层次的世界,遭到人们的轻蔑、歪曲和误解。劳伦斯积极创作的时期虽然是乔治五世时期,但当时的文明依旧残留着上一个时代的影响。

于是,劳伦斯开始宣扬"触觉"的世界受到了过分的贬低,人性受到了不合理的压抑。他耗尽一生向人们倾诉:女人与男人的生活需要"温柔"(tenderness),而水乳交融的"触觉"世界才是最重要的。

查泰莱夫人的存在就是为了生产继承人

具备了发明天赋、头脑十分聪慧的克利福德，其精神年龄只有十三岁，自然无法与恋人或妻子平等地相处。他需要的是甘心付出、细心照顾他生活的母性人物。这么看来，克利福德与二十世纪后半期的日本企业战士就如出一辙了。医生对克利福德说："你需要有个护工照顾你的生活起居。"于是克利福德请了自己专用的女仆，从此生活上完全依赖于她，连剃须都要由她代劳，自己则越发幼儿化了。与之相对，他的事业越来越成功，他甚至开始了小说创作。

由于战争，他落得半身不遂，无法生育后代。但他无论如何都想要一个继承人，于是要求康妮与造访拉格比庄园的客人出轨，为他生个孩子。他觉得一次出轨不算什么，生下来的孩子只要在拉格比庄园长大，就是他们家的人。如此一来，康妮生活在拉格比庄园的唯一意义，就是成了生产继承人。康妮被排挤出夫妻的共同生活，被丈夫拒之门外，同时又被要求诞下丈夫的继承人。她沦为了彻头彻尾的生殖工具，她的孤独难以估量。

康妮在空旷的宅邸中过着无比空虚的日子，日渐消瘦下去，变得跟病人一样虚弱。克利福德与康妮的关系正如现代日本被公司夺走的丈夫与其妻子的关系。简而言之，当今日本已婚男女的关系相当于二十世纪二十年代的英国已婚男女的关系。维多利亚时期的英国通过殖民地获取了大量财富，同时也不得不面对各种各样的社会问题。同样，日本现在完成了经济的高速发展，脱离了贫困状态，大家都能吃饱穿暖，总算进入了"仓廪实而知礼节"的状态。因此我认为，日本人应该开始探索新的人际关系，开始为家人和他人着想，善待自己和他人。

然而，在这个高度产业化的资本主义社会中，像工蜂一样拼命劳作的男人该如何在繁忙的间隙得到性的快乐呢？为了

以爱为名的支配

尽快进入兴奋状态，他们需要工具的帮助，因此色情片开始流行。此外，尽快发生性行为需要一定的人际关系基础，也需要尽快形成关系的诀窍和指南。那么，在这个有着方便的指南文化和色情文化的国度，男人在性爱和人性方面真的更自由吗？不仅不自由，他们处在这样的文化中，甚至可能怀着迷茫的心情。因为他们作为人类，本来受到了极大的压抑，但他们将这种生活方式认定为"男性气质"，一旦感知到压力，就是缺乏男性气质，是败北，所以他们一般不会承认自己受到的压抑。可是，如果不借助指南和色情片就一无所能，那相当于人失去了感性，变成了机器人。他们没有努力去从人际关系中发现感情、培养感情，并且创造出新的关系。他们就像一按即响的喇叭，任凭自我沦落成了"刺激的奴隶"。所以，色情片文化和指南文化都可以说是敷衍式文化的象征。敷衍的后果是什么？那就是自我发现的缺失和自我形成的败北。

由生命的共鸣而生的性爱

猎场看守人梅勒斯对资本主义社会和女性都已经失望了。由于一次失败的婚姻,他备受伤害,"以为自己再也不想跟任何女人打交道了"。因此,他十分害怕与女性来往。他认为自己一直以来碰到的女人"都想要男人,但不想要性。她们把性当成了无可奈何的事情,一味地忍耐。更保守的女人则一动不动地躺在床上,任凭男人摆弄"。也就是说,他并不满足于把性爱当成任务的家庭主妇。对他来说,"性爱是一切触碰中唯一真实的触碰"。他认为,如果不跟女人产生感情的共鸣,他便不会跟那女人同床共枕。同时他也批判自己的性别,直言男性"害怕"那样的触碰。他把森林当成"最后的隐居之处",

把"上天赐予他的孤独视作了他唯一也是最后的自由,并甚为珍惜",决心在那里成为一个隐遁者。就在那时,他与从男爵夫人发生了意外的邂逅。

二人的邂逅源于生命的共鸣。一天,康妮在林中散步时发现了鸡舍。被母鸡呵护的小鸡十分可爱,于是她伸手进去想抓一只出来,然而刚伸进去,康妮就被母鸡啄了。梅勒斯见此情景,从母鸡的翅膀之下轻轻拿出一只小鸡,放在了康妮的手心里。康妮看着手心里的小鸡,感受着那轻盈的身体和小树枝般纤细的爪子传来的温度,忍不住热泪盈眶。她想:"这就是生命,而我却得不到这样的温暖。"

康妮因为小鸡纤细的爪子传来的温暖而感慨万千,反过来说,她的生命已经停滞到了这个地步。梅勒斯对康妮的感触产生了共鸣。当他看到康妮的泪水滑过脸颊时,心中突然涌出了早已遗忘的感觉,身体开始躁动。

梅勒斯认为性爱是人与人"身体上的彼此了解与温柔触碰",如果女人完全敞开了身体,男人却粗暴而自私,不表现出任何柔情,那样的性爱就没有意义,甚至可以称为谋杀。那样的性爱是暴力的,男人的性器官成了尖利的鸟喙,成了闪着寒光的匕首。而一切的罪魁祸首，就是男人。梅勒斯对康妮的爱被描绘成了"soft, warm, tender"（柔软的、温暖的、温柔的），他爱抚康妮的动作都是"soft, softly, warm, warmly, tender, tenderly"（柔软的、柔软地，温暖的、温暖地，温柔的、温柔地）。文中大量使用了这三种形容词和副词。

一般认为，在文学作品中反复使用同样的词汇是拙劣的表现，因此，写作者会避免使用同一个词，而置换成其同义词。但劳伦斯毫不顾虑这一禁忌，堪称执拗，甚至像念咒似的重复着这三个词。所以不仅是康妮，连读者也都像中了催眠术一般沉浸其中。那是一种强大的力量。可惜的是，该作品的日语译文并没有体现出那样的魅力。希望有条件的人尽量去看英语原文，因为劳伦斯的文章很好理解，语言十分优美。

我认为《查泰莱夫人的情人》中描写的性爱场景属于最理想的性爱之一，而那样的性爱必须建立在女人与男人发生深层共鸣的基础上。梅勒斯始终摆脱不了"将自己和女人暴露在物质世界的恐惧"，但他与康妮的邂逅让他充满了勇气，最终抛开那种恐惧，选择了与她一起生活。他们希望将来能在农场共同生活，于是分居两处，等待着彼此离婚，坚守着对彼此的"贞洁"。

以爱为名的支配

男性能够超越菲勒斯中心主义吗

可是最近再读劳伦斯的作品，我发现正如凯特·米利特在《性的政治》中所述，他是一个菲勒斯（phallus）修正主义者。他在这部小说前后创作了许多作品，其中都表达了"女人，我是男人，你要顶礼膜拜我的菲勒斯（阳具）"的感觉。他把男人的性器官视作了神明。凡是认为性器官覆盖了自我存在根基的男人，其意识中都包含不折不扣的阳具崇拜。对此，许多文艺批评家认为："他因罹患结核病而变得比女人更虚弱，所以产生了这种想法。"但我觉得他的问题并不只是这个程度。那是潜伏在男性深层意识中的东西，劳伦斯所做的不过是将它表达出来了。不过，男人只因为想把女人永久封闭在"母性"

信仰之中，才始终不得不依附于菲勒斯中心主义。我想，他们应该把女性从"母性"信仰中解放出来，以便自己也能摆脱菲勒斯中心主义而获得自由。

假如猎场看守人梅勒斯，这个与歌颂物质文明的从男爵截然相反的男人，也是菲勒斯修正主义的产物，那实在是令人遗憾。尽管如此，现在日本的所谓新男性，也才刚刚到达与梅勒斯一致的高度。正如康妮深爱着小小的雏鸟，他们也试图去深爱对方的生命，深爱生命本身，或者至少产生了那样的愿望。然而正如梅勒斯那般，男人们还面临着一个极为重大的课题，那就是如何与男性潜意识中的菲勒斯中心主义、与"我是大男人"的想法做斗争。当不再止步于单纯的文明批判时，当男人和女人都能直面自己心中被内化的男性主义文化时，也许，新的男女关系才有机会诞生。

无性现象是希望从阳具崇拜中得到解放

最近常听人说越来越多的情侣不发生性行为，或者越来越多的男人不寻求性行为。有人认为他们已经无法以那种方式与人交流，或是不愿再进行那样的交流，但我并不这么想。我反倒认为，男性正在脱离征服、占领和支配性的性意识，转而寻求轻松自然的男女关系。

当人与人之间能够形成平等的关系，也许性行为就变得不那么重要了。男人不再把自己的性器官当成宣示"男性气质"和积累力量的工具，也不再将其视作获得快乐的工具，而把它当成与对方亲密交融的延长线，那么性行为的方法本身也会发生改变。

还有人说男人的无性现象是自然的丧失，但在我看来，"自然"从来都是表面的说辞，其内涵早已变成了"文化"。所以，现在应该是旧的"自然"已死，新的"自然"，也就是文化正在形成的过渡时期。我的理解是：若男性的性意识一直以来都由阳具崇拜组成，那么阳具崇拜如今正在失去意义，男人也许能从"男性气质"中稍微解放出来，得到一些自由和放松的空间。也就是说，"男性气质"已经不再是统一的社会规范，而是正在转向"自我气质"这种更自由的状态。

而且，在这个世界人口不断增加的时代，人类也许是直观地、符合自然之理地远离了被生殖所束缚的性。也就是说，社会需求的变化也推动了人的性意识发生变化。当人口减少到一定程度，性意识又会再次发生变化，呈现出高低起伏的曲线波动。

曾经，人们对"情欲"有过"男女之间激发的壮美欲望"的幻想和印象，但是换个角度，它也可以是康妮通过掌心感觉到的，从雏鸟脚底传来的温暖。还有在自己与对方身下流淌的奇妙的生命共鸣，将它理解为情欲，也并非不可。

这不仅是对人类，也可以是对所有动植物之生命的慈爱。

以爱为名的支配

有人提出了性的衰退这一说法，但我并不这么想。因为我还相信自己，我知道自己的生命还在熊熊燃烧。而且，熊熊燃烧的生命肯定不只我一个，必定还有许多同样的人，只不过是陈旧的性意识正在渐渐失去作用罢了。

第五章
如何斩断家庭的压抑轮回

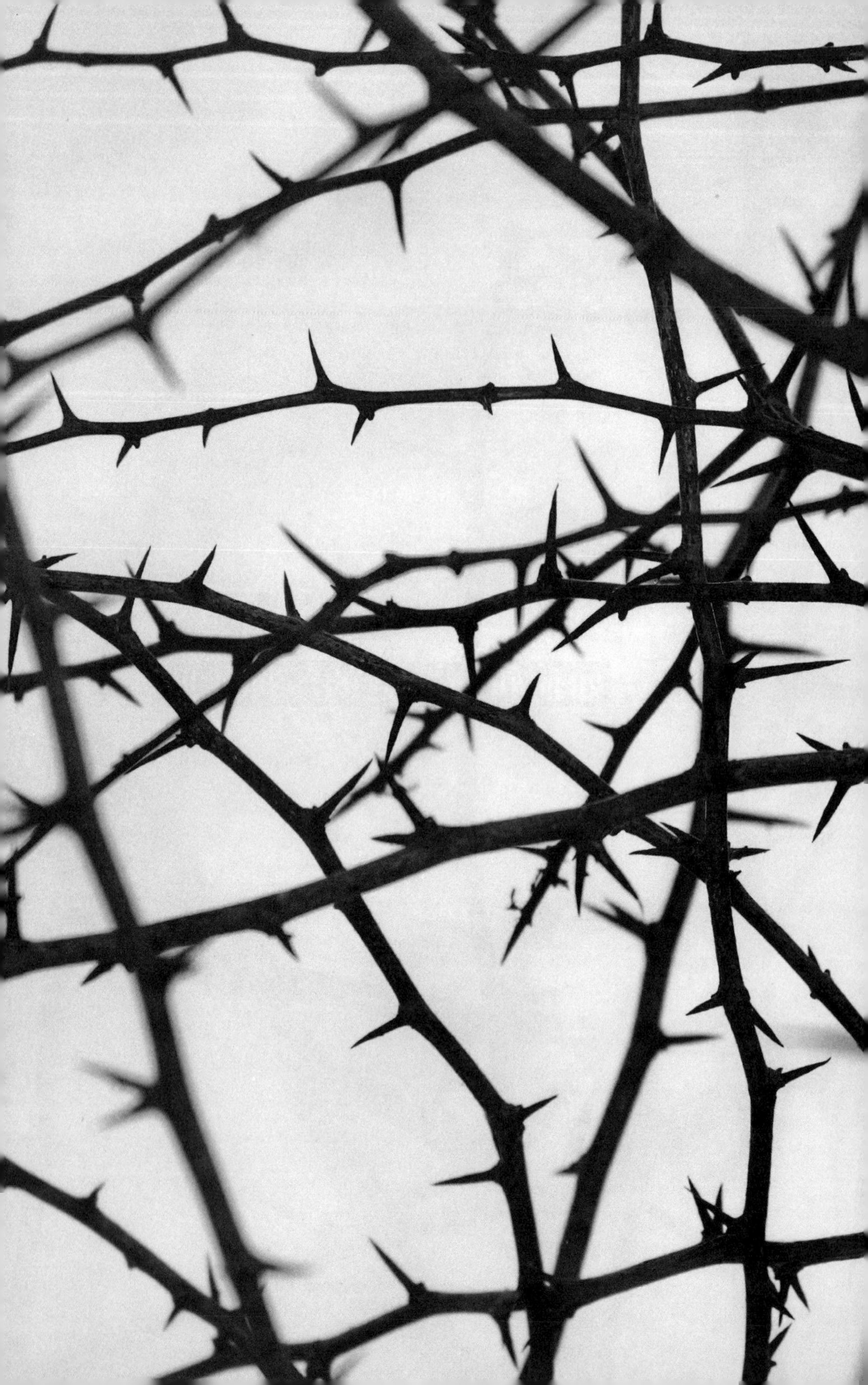

男性代理人（家庭主妇）创造的家庭版军队组织

现在我看到家庭主妇，总会感叹她们为何如此热衷于教育。在我看来，那种热心，其实是为了演好母亲的角色而放弃了自己的人生与梦想的人，所感受到的压抑的反弹。我觉得，唯有放弃了培养自己，把所有能量都集中在培养孩子之上的人，才会拥有那样的热忱。她们不去专注自己的内心，为自己规划人生并培养自己，而是把它灌输给别人，为改变别人而杀红了眼，因为这样更简单，也更轻松。越是忘却了培养自身的人，就越容易过分地支配他人，这一点都不奇怪。

一般来说，负责管教孩子的都是母亲。丈夫只对妻子说叫孩子这样那样，于是妻子就严格地管教孩子。丈夫看到被严格管教而流泪闹脾气的孩子，又会开口说："哎呀，真可怜，太可怜了，这样啊，嗯，嗯，只要你当个乖孩子，妈妈就不会生气啦。"换言之，他自己充当了安慰人的角色，把所有好处据为己有。

小孩子都会把安慰自己的人当成好人，于是总在责骂他们的母亲成了整天发脾气的可怕的人。我的母亲明明知道事实如此，结婚成为母亲后，还是接过了与她憎恨的母亲同样的角色。她自己就因为母亲的严格管教而心怀憎恨，现在又转过来对女儿做同样的事情，甚至像在对孩子发泄多年来一直堆积在心中的对自己母亲的怨恨——因果循环。应该有人来有意地、理性地切断这个报复的轮回。

我猜，很多家庭都是这样的结构：丈夫要求妻子这样那样管教孩子，或者是社会和媒体不断灌输应该怎样培养、管教孩子，甚至左邻右舍都会说出各种心得体会。女人因为自身被豢养的立场而无法违抗他人的意见，无法违抗丈夫的命令。一旦违抗，就会发生争执，甚至可能被赶走，可能再也得不到爱。如此一来，她就不得不听从社会以及豢养她的丈夫的话。

在此之前，女人为了在男性社会中存活，不得不完全吸收并内化其价值观念。应该说，求生欲越强的女人，就越会学习男人的思考方式，并将其内化成自己的东西，好让人称赞自己是聪明的女人、能干的女人，因为这种行为一直被认为是有智慧的。男性社会的优等生，也就是被称为贤妻良母的那些人都这样。女人迎合男性社会，接受其价值观，然后成为那种价值观的代理人。为了让男人在家中能够悠然自处，女人扮演了最不受人待见的角色。

站在奴隶贸易顶端的男人都是绅士，看起来最彬彬有礼，因为他不用自己动手，自然有代理人帮他打骂教训奴隶。相当于奴隶头子的丈夫看见被打骂的孩子只会说："你要是多听妈妈的话，她就不会那么生气了。"相当于给了孩子一块话语的糖果。换到军队里其实也一样。日本军队中底层的伍长对士兵最严厉，将校反倒宽宏大量，得以维持高官的形象。越靠近底层的男人越暴躁，发作起来也越吓人，其姿态堪称疯狂。

家庭也跟军队一样，丈夫是将校，妻子是魔鬼伍长。现在的"虎妈"都是拥有大学文凭、彻底习得了男性本位价值观的优等生，所以越是热衷于教育的"虎妈"，就越能够代替男人思考，成为其代理执行人。正因如此，男人得以放心地去公司上班，把孩子的教育全部推给妻子，自己保持一副怡然自得的模样。一旦出点什么事，他甚至不用开口，社会就会抢先替他谴责孩子的母亲。偶尔看到被母亲斥责的孩子，他只要说上一句"孩子他妈啊，别把孩子逼太紧了"，展露一下宽容的气质就好。

这种军队的结构也存在于家庭之中。比如即使父亲不在，母亲作为男性社会价值观的代理人，只要扮演好父亲的角色便万事大吉。我认为，家庭正是纯粹培养父权制思想的罪恶温床。如果对这些现象毫无自觉，母亲们就会不断地再生产压抑女性的孩子。

家庭内部的情况往往是不为外人所知的。现在日本出台了《DV[1]防止法》及《儿童虐待防止法》，丈夫对妻子施展暴力成了犯罪行为，家长虐待孩子也成了犯罪行为。但是就在不久以前，家庭还拥有"治外法权"，即使丈夫殴打妻子，警察一般也不会上门。无论丈夫怎么对妻子施展暴力行为，都被简单

---

1 Domestic Violence，家庭暴力。（译者注）

地归纳为"家务事"。同理，母亲以爱为名、以管教为名虐打孩子，对孩子施暴，对其进行精神上的虐待，在外人眼中都会被归纳为"严格的家长""家长的管教"，所以外部人员并不会去帮助孩子。在家庭那个隐蔽的空间里，一直存在着压抑的轮回。哪怕是现在，即使出台了法律规定，外部的光线也很难投射到家庭内部，依旧有很多表面看不出来的家庭暴力和儿童虐待行为。若是在大家庭里，这种压抑会从各种意义上得到分散，但是在现在的核心家庭里，压力已经达到了临界点。

关于校园霸凌的问题，其中当然有学校和社会的责任，可是现在还有一个问题不容忽视，那就是孩子身边的母亲作为一个人受到了极大的压抑。

妻子与丈夫的关系究竟如何，这难道不是最大的问题吗？滞留在家庭中的女性每日都是如何生活的？她们把对不做家事、不教育子女的男人的不满、对人生的不满全都砸到了孩子的头上。孩子的怨怼无法反弹给家长，只能默默忍耐，或是虐待自己，或是虐待比自己弱小的人。当他们的身体足够高大强壮，终于能将其反弹给家长时，就会发生家庭暴力。

家庭内部充斥着细菌。搞和平运动没问题，搞志愿者活

第五章　如何斩断家庭的压抑轮回

动也没问题,但是,如果真的想终结这场战争,就要从家庭内部消除这种军队的结构,实现家庭内部的民主,也就是说,要改变丈夫让妻子充当魔鬼伍长的夫妻关系。

管教是以爱为名的霸凌

从这个角度思考，现在那些家庭主妇是否真的在用温柔的爱养育孩子，恐怕要打个问号。她们可能觉得自己很温柔了，实际发出的却是饱含着烦躁与憎恨的做作之声。

母亲本身就处在无法享受自我的境遇中，而且从未有过自立自强的经验，她们自然不会相信孩子的自立和自律。所以她们会放不下孩子，一直担心孩子。因为她们无法相信自己，所以无法相信孩子。她们总是放心不下，无法耐着性子旁观，非要管着孩子的一举一动，无论什么事都得说上两句。唠唠叨叨，闲不下来。最后，她们把孩子完全带成妈宝，有了终于能够放心的错觉。

在这个社会上，女人把孩子带成妈宝，完全"包容"孩子，是因为女人只有孩子。孩子是自己十月怀胎一朝分娩的产物，出于这种意识，女人对孩子的"包容"已经超过了限度，变成了"纠缠"。

我认为，女人已经被逼到了不得不这么做的境地。然而纠缠得越紧，对孩子的教育就越不顺利，自己也越不受孩子的待见，于是女人变得无路可走。有人会说，至少孩子没有疏远父母呀。不疏远父母的孩子最终会错过自立的时机，变成一个废人。如此一来，世上又多了一个自我受到严重压抑的人。

人越是无法得到完整的自我，其关爱就越容易变成支配。因为那样的人总是要完全吞噬关爱的对象才能满足，甚至再怎么吞噬都不足够。无法尽情享受自我人生的人，只能靠霸凌别人而活着。所以，那种人的管教也会变成霸凌。以爱为名的管教，已经变成了以爱为名的支配。只要不改变这种情绪的流动，霸凌的结构就会始终隐藏在关爱的名义之下，永远持续下去。

以爱为名的支配

上到极限的压抑发条因恋爱而松弛

我有过一段厌女时期,那是因为我本身无法喜欢上身为女人的自己。家长要求我"像个女人样",社会也给我施加了无言的压力,而我感到自己越努力做到"像个女人样",就越变得渺小卑微,受尽束缚。然后我的自我意识越来越强烈,举手投足变得越来越不自然。一旦我即将偏离"女性气质",住在脑中的母亲的声音就会对我说你不能这样,不能那样。同时世人的目光也不断监视着我,审查着我:"你看,她又变得不像个女人了。"我痛苦万分,整夜整夜地难以入眠。在这个意义上,我当时真的是个男性社会的优等生。

这种被压抑的自我就像不倒翁,既没有手也没有脚,双眼要等待别人来画上，嘴巴则是"讲多错多"，一句话也不敢说。一旦说出自己的想法，就要被骂桀骜不驯，于是在鼓起勇气直抒胸臆的时候，就会过于激动，说着说着变成哭腔。因为平时谁都不愿听自己说话，偶尔有人听了，反倒会格外焦虑，又格外高兴，心情万分复杂。

我的自我在年幼时的母女关系中受到了压抑，一直维持着不倒翁状态，在往后的许多年不断地消耗着我。二十多岁、三十多岁……从未停歇。

尽管如此，我在某个时刻还是意识到了自己好像有问题，怎么都无法自由，无法做自己，仿佛手脚都被折断了。于是我开始渴望得到自由，并为此努力改变自己。

我从十多岁到现在一个劲儿地谈恋爱。那么，为何我必须在爱河中徜徉呢？这背后有很多理由，现在想来，也许是我想找个出口发泄内心那种莫名其妙的苦楚，或是想弄清那种痛苦的真相。我想解放自己内心不自由的部分。换个说法，就是想让完全上紧的压抑发条松弛下来。我想放松，想成为自己，想感受到自我。

若问我为何如此想了解自我，那是因为哪怕我想这样做、想那样做，往往都无法走上自己希望的方向。不知为何，就是有东西拖着我的后腿，心里想着"为什么要看上这种男的"，但我还是不由自主地被那个男人吸引；心里想着"不就是一点无聊的小事嘛"，但我还是忍不住拘泥于那件小事。为什么？我想走这边，却走向了那边；我想走那边，却来到了这边。我发现，我处理情绪时总是在重复同样的模式——越是面对自己喜欢的人，就越无法坦率地说出自己的心情；一旦遇到某种状况，必定会做出特定的反应引发争吵。为什么？我怎么会变成这样？我总是带着深深的困惑和苦恼，不断地展开新的恋情。恋爱成了我审视自己、了解自我的宝贵手段。

名为恋爱的爱憎代理战争

十几年前结束的那场恋爱,是我个人经历过的最激烈的恋爱。现在回想起来,那场恋爱决定了我现在的位置,因此我愿意称其为宿命般的恋爱。

谈了这场宿命般的恋爱,我意识到跟一个人相处久了是会对其产生杀意的。同时,对方也对我怀有杀意。这种恋爱叫什么呢?应该叫"代理战争"。谈了恋爱,感情越深入,对方就变得越像曾经离自己最近的人。而曾经离自己最近的人,一般是父亲或母亲,对我而言还有弟弟,总之都跟自己关系十分亲近。

如果自己跟亲密之人的关系是充满欢乐的,也许就没什么问题。但是，假设一个人是在父母的拳打脚踢中长大的，或是被姐姐欺负虐待长大的，或是怀着自己都无法理解的恐惧、怨恨和屈辱长大的，那就大有问题了。即使忘记了具体的事情，那种强烈的感觉也会化作阴影扎根在内心深处，伴随着那个人的一生，直到其本质暴露在阳光之下。这种阴影还会促生出一个人的意志无法掌控的情况。长大成人之后，我们还是会无意识地重现那个过去，在人生的某个阶段反复体验那个场景。这也许有点像杀人凶手必定会重返犯罪现场的心理。

我认为，每个人都希望了解内心恐惧和屈辱的真相，希望知道自己过去究竟做过什么，经受过什么。每个人都想知道自己是什么样的人，所以在选择恋爱对象的时候，人也许会下意识地选择能够帮助自己达成目标的人。

人们也许想在恋爱中重现自己过去所处的境遇，借此了解压抑自己的人是什么心情，以及自己当时是什么心情。这种时候，恋爱对象往往是令其感到似曾相识的人。就这样，人们在无意识中把恋爱对象看成了自己在过去应该奋起抗争的人，代理战争就此爆发。

"哦，原来我在通过这个男的，跟自己的母亲战斗啊。"当我意识到这点时，我顿时恍然大悟，给那段恋爱打上了休止符。我从此打消了对那个人的执着。跟他交往的过程异常痛苦，我总是质问自己为何选择了这样的人，为何要跟这个人争斗，如此重复了无数次，我才发现那个人的爱很像母亲对我的爱。进一步讲，那个人对我的压抑，其实与母亲施加给我的压抑是同质的。原来我一直都把这个人当成"假想敌"了啊，原来跟他斗争是我从母亲的压抑中解放自己的手段啊。跟他交往了整整五年，我才想清楚这个事实。

恋爱生活会极其具体地重现过去。亲密关系会引发出使人退行到幼儿期的现象，甚至让人怀疑是不是怀念过去的感情转化成了对对方的恋情。这是一种幻觉记忆的体验。或许我这个个体也触发了对方的幻觉记忆，使对方也陷入了这种状况。

因为男人的"身份"比女人高贵，他们的爱与恋都是吞噬女性、占有女性的形式，其实等同于压抑女性。在那段恋情中，男方把自己当成了对我下命令、管理我行动的人，而我则毅然决然地奋起反抗。幼年时的我出于恐惧，没能反抗母亲。通过对他的反抗，我找回了曾经在与母亲的关系中失落的自我。

以爱为名的支配

我通过与那个男人争斗，解决了本来应该跟母亲争斗并解决的问题。对我而言，恋爱同时也是这样的"代理战争"。那是一场爱与恨、敌与友互为正反面的漫长斗争。我们二人对外是战友，对彼此则成了你死我活、不共戴天的敌人。我们之间的爱，是蛮横地抱住殴打自己的人，或者反被对方蛮横拥抱的爱。

独立男女之间纯粹的力量对决

那个被我视作母亲的替身,使我与之斗争的恋爱对象是个英国人,是位蜡染艺术家。他是我第二次去英国留学时认识的。

因为英国的女性主义比日本更普及,而且关键在于那是《鲁滨孙漂流记》诞生的国度,所以在这种氛围的影响下,他平时做什么事都自己动手。打扫、做饭、洗衣自不用说,他还会认真关注冰箱里剩余的食材,不管味道如何,会做的菜式还挺多,更会定期翻新厨房,所有餐具和家具都是根据自己的喜好买回来的。他不仅会刷墙,还会换窗帘。他会在卷帘遮光幕布上画画,当然也会自己搭配衣服。不仅如此,他还养育着一个跟以前的同居对象生下的孩子。那位女性就住在同一栋楼的三楼，白天总是出去上班；而他因为工作性质经常待在家里，就承担了接孩子放学回来照顾的任务。所以，从自立的程度而言，他比那些只会稍微帮忙做点家务的男人高出了不止一个境界。

然而，正因为他和我在生活上和经济上都能自立，也就是"男人能洗内裤，女人能赚面包"的问题基本得到了解决，我们之间反倒以一种更纯粹的方式展开了男人与女人的力量关系之争。

他想随心所欲地生活，我也想随心所欲地生活。哪怕是出门看个戏，他也只想看自己想看的戏，我也只想看自己想看的戏。既然如此，那为何不分头去看呢？可我们偏偏就是分不开，就是想一起去。那不如改天再去看戏，把双方想看的都看一遍，那也不行，要么没有钱，要么没有时间。就这样，连决定看什么戏都十分困难。

一般遇到这种情况，都是某一方做出让步。如果是日本男性，应该会特别干脆地让步。如果对方是别的什么人，我也可能会很干脆地让步。但不知为什么，我偏偏不想对他让步。

因为我觉得,一旦让步就万事休矣,一直以来都靠抗争而保持平衡的关系会彻底失去意义。

他甚至想干涉我房间的窗帘颜色、我身上的衣服和我嘴里的食物。我们在很多方面的思考都是一致的,但彼此依旧有着不同的喜好。

我一个人出门,或是跟朋友相约,他也没有好脸色。如果是以前的我,可能会把他的反应误认为是爱情。那的确是他以为的爱情,但对当时的我来说,那更是一种束缚。所以,我们经常为这种事吵架。

还有这样的事:我正在自己屋里工作,他会突然走进来。我叫他先敲门再进,他就指责我是不想见他,然后故意不敲门就进屋。他借口"我想你了",给自私包上爱的外皮,试图将其正当化。对我而言,只要他一进门,接下来的时间就白费了。因为我需要很长时间才能重新集中精神。对我而言,就算自己的工作告一段落了,只要对方还在专心工作,我就不会去打扰。而他则认为"有爱就对",丝毫不尊重我的工作。

他的行为背后明显有着对女性的轻蔑。此外,他还很不愿意看到我热衷于一件事。这时,他的撒娇也成了一种支配。

以爱为名的支配

一般来说，女人都被要求要对男人的这种行为喜闻乐见，可我就是高兴不起来。我想守护自己的生活，想拥有自己的时间。我喜欢跟他在一起的时间，也同样喜欢自己独处的时间。可是男人却以随心所欲为美，错以为那种行为代表了爱，想要把任性和支配偷换为爱。

恋人之间允许彼此的任性、撒娇和互相侵入，因为那是爱，所以才称为恋人。然而一旦变成了单方面的任性、撒娇和侵入，另一方不得不始终容忍，继续相处下去就变得没有意义了。如果这段关系不平等，我认为重要的东西得不到尊重，那么我的生活就无法成立。我想起了小时候曾经有过一个愿望，想要只属于自己的房子。为了自卫，我在外面租了一个专门用于工作的房子，但是那样很不方便。于是我深刻地意识到——我想在自己家中尽情享受自己的世界，想自由使用自己的时间和空间。〔另请参照拙作《女主人公为何被杀死》（讲谈社＋α文库）中关于电影《生命中不能承受之轻》的部分。〕

压抑的核心是直刺对方要害的支配力量

若问我与他在共同生活期间为何总是对一些乍一看很琐碎的事情反应过激,我觉得是因为那些琐碎的小事激发了我过去被压抑的经历。只要他稍微试图掌控我,我就会加倍敏感地做出反应,甚至丝毫不讲道理地表现出生理上的抗拒。那种感觉就像早年积攒的不想忍耐的能量全部释放出来了。他以爱的名义对我说的话、做的事,无不与我潜意识中沉淀的过去的压抑体验相呼应,成了刺激它苏醒的导火索,所以我才丝毫没有让步,绝不允许他支配我。那种压抑的核心就是用意志力去直刺对方的要害,用眼睛看不到的纤细银针刺穿对方,将其固定住的支配之力。譬如被针固定的蝴蝶,就算再怎么挣扎也无法逃离。肉眼看不见的银针刺中了精神，同样会造成伤害。

　　我之所以被他那些肉眼不可见的银针所折磨，是因为我拥有感知银针的资质和经验。如果我没有对压抑反应过激的要素，或者我不那么爱他，肯定不会在意那些言行举止，只会坦然自若、一笑置之。一旦对自己不利，我还会若无其事地舍弃对方。也许正因为我有了那种资质，才会像磁铁一样吸引到刺穿我的银针。

　　同时，他的心理也不只是普通的男性心理，而是怀有某种特殊的情绪，一定要把我像蝴蝶一样用银针固定住。他越是试图支配我，就在自我厌恶中陷得越深，然后日渐憔悴。可是当我觉得受够了，自暴自弃地做出妥协时，他又会极其厌恶我的行为。

　　他忍不住想压抑我的内心冲动，其实也跟他的成长经历有关系。后来我才发现，正如我在他身上看到了自己的母亲，他也在我身上看到了自己的母亲。所以我们既是女人与男人的关系，也将各自的童年未能解决的问题投射在了那段关系上，不断地重复过去的体验，以此来修复自己。于我个人而言，这种投射只是碰巧出现在了恋爱关系之中，而它也有可能出现在上司与下属的关系之中，并且表现的形式多种多样。

就这样，一直没有得到解决的母女关系或母子关系在接下来的人生中不断被投射，出现在自己与他人的各种亲密关系之中，牢牢掌控着这些关系。

因果循环。压抑果然是家族的传承。人总会在别处找到一个对象，把自己的过去投射在对方身上。有时看起来就像"认准了一个人咬死不放"，似乎沉溺于对方的把控中，可实际上并非如此，更可能是沉溺于自己的过去。是自己把过去某个突然中断了的，由于过于年幼而被迫一味承担、无法在平等的立场上发起反抗的关系投射到了现在的这段关系上，希望看到自己未能得见的结局。当我看清了这个事实之后，感觉自己终于能原谅他那些过分的行为了。后来我也能够保持一定距离冷静地思考自己跟他的关系，并安下心来提出分手。那个人现在变得像我的战友一样，我俩一直保持着很好的朋友关系。

四十六岁那年总算切断的母亲的咒缚

我感觉通过与他的斗争,自己得到了一定的锻炼,能够站在平等的立场上对母亲主张自我了。在得到这个成就之前,人生真的很痛苦。自己不像自己,四肢和大脑像是被分开了,人生无法聚焦。这种痛苦还表现在了身体上,让我病痛不断。我跟他的所谓"恋爱"终于结束,我达成了自我和解,从中脱离出来时,已经四十六岁了。

四十六岁以后,我再也不会对女人这个群体抱有厌恶之感。我与母亲的和解并不是指握手言和,对她说:"妈妈,我们以后就和和气气地生活吧。"我是终于由衷地意识到母亲其实也跟我一样,是饱受压抑而痛苦万分的女人。

她为什么来到我家还要对窗帘打开的方式和饭碗摆放的地方说三道四；为什么不说"我觉得"，而要说"人家都觉得"；为什么要那样控制我，把我变成不倒翁；为什么父亲一死就变得那么通情达理……对此，我都有了自己的理解。

　　尽管如此，我还是无法听从母亲的话，也经常对母亲发出怨言。只是，我一直到四十岁出头都没有办法跟母亲针锋相对。现在的年轻人可能会像跟朋友聊天一样对母亲说："妈，你说这种话有什么用？"但我母亲是个手执皮鞭的人，而我就像被驯服的狮子或豹子，只要看见皮鞭就会嘤嘤惨叫，条件反射地屈服顺从。当母亲对我提出要求，或是反对我的行为时，即使我听见她的声音就烦躁不已，内心还是会忍不住屈服。要改变这点真的非常困难。我每次对母亲提出反对意见，最先冒出来的就是眼泪。情绪不受控制地抢跑，让我连话都说不出来。我跟母亲的关系，就像感情不顺的恋人的关系。

　　在那段复杂曲折的恋爱过程中，母亲曾这样评价我的个人决定："你还说这种蠢话，人家都要觉得……"那时，我有生以来头一次反驳了她。我对她说："妈，这是我的问题，是我个人的决定，你就别管了。"

以爱为名的支配

我非常痛恨母亲口中的"人家都觉得"。我认为，她试图用社会规范来操纵我，是十分卑劣的行为。她为什么不说"我觉得"，为什么不承担口中说出的话语的责任，为什么一定要狐假虎威？但是在此之前，我一直不敢反抗母亲的话，一直被母亲远程操纵着。不过，当我说出那句话时，突然有了一种卸下重负的感觉。我终于摆脱了母亲的咒缚，得到了自我的决定权。母亲也不是愚蠢之人，肯定意识到了今后再也无法用扬起皮鞭的方式威胁我，所以在那以后发生了很大的改变。母亲对我的支配，想必也已经是强弩之末了。

当我不再大哭大笑，而是能够冷静地提出自己的意见时，母亲终于放下了扬起的皮鞭。从那以后，无论在心理上还是别的意义上，我都得以跟母亲平等地交流、平等地说话了。也因为这样，我发现了许多以前一直没有发现的母亲的个性。

为了超越自身的不幸模式而进行的治疗

女人如果想得到解放，或者想改善自己跟丈夫和孩子的关系，最重要的还是深入了解自己与养育了自己的父母的关系。我认为，那是了解自我的一个重要过程。我们要想自信、谦虚而开朗地活着，就得接受原原本本的自己。只有在不需要经常得到他人抚慰，不需要有人为自己做精神献身，也能够自己接受自己、培养自己之时，我们才有能力原谅他人、接纳他人、关爱他人。我们有必要更加深入地了解自己。只要了解了自己，比如在谈恋爱时，就会隐隐约约地意识到自己为什么会喜欢上那个人。

最初阶段只知道自己对一个人怀有好感，然后随着恋爱经历的积累和时间的推移，就会发现自己的喜欢是存在固定模式的，而且喜欢的人都属于一个类型，于是对自己的了解就会加深。若不完成这一步，结束恋爱的方式也会很不干脆，只能停留在痛恨对方、责怪对方抛弃了自己的境地。

为了不让恋爱以这样的方式结束，我认为日本也可以多开展一些治疗项目。现在，人们十分需要那样的治疗。

想必大家都听说过心理咨询，知道在多灾多难的女性群体中，有一部分人已经形成了注定会遭遇不幸的生活模式。她们在被抛弃后，即使去找新的对象，也会不由自主地选择同一个类型的男人，其结果就是同样的不幸再次上演。这种例子可以说数不胜数。

一般人在谈恋爱时，很难说清楚自己为什么被那个人吸引。被吸引的事实背后，其实包含了许多无意识的要素：自己的成长过程中遇到过什么问题，自己跟父母、手足的关系如何，自己被谁以什么方式抚养长大，跟什么人有着什么样的关系，因为什么事情受到过打击，因为什么事情或什么人受到了心灵或身体的创伤。我们有必要回忆起那些可能已经被忘却的过去，重新品味当时的心情，让已经成年的自己重新接纳那些记忆。

如果不这么做，过去的创伤就始终不能愈合，使得现在的自己反复受影响，反复遭受同样的不幸。有的人遭到了父母的冷漠对待，会不自觉地以同样的方式去对待自己珍爱的恋人或孩子。

看见那些人，我总觉得如果日本也普及了心理咨询，至少能避免许多重复发生的不幸。

在恋爱和婚姻关系中，自己与对方的关系越紧张，与自身成长史中相似的因素就越容易显现出来。英、美两国有越来越多的人在碰到人际关系不顺、结束恋爱或婚姻关系时，会通过心理咨询来分析自我。每一次咨询都能让人像了解自己的身体一样慢慢了解自己的内心。这种人会培养起深层的洞察力，像温柔包容的父母一样对待自己，同时也会成为自己的贴身咨询师。

与自我对话，接纳自我，在自我中发现神性

在日本，不只有因为"女性气质"而被迫压缩自己的女人，那些披着"我是大男人"的"男性气质"外壳，拼命压抑内心柔软的男人更需要了解自己。进行心理咨询便是其中一个方法。譬如在离婚时，还有与恋人分手时，男人通常不会很深入地去想是不是自己做得不好，是不是自己有问题，他们更倾向于怪罪女人。当人际关系出现问题时，总是女方感到自责。孩子学坏了，丈夫会立刻指责妻子，妻子也觉得"是我不好，早知道我不该出去做小时工"。

不知为何，社会立场越薄弱、遭受压抑越严重的人，其

罪恶感就越强烈，会经常责备自己。就算是被对方殴打，她们也会觉得"我挨打了是我不好"。那是因为女人一直以来被规训要付出一切，要低调隐忍。男人出轨是因为她付出的方式不对，丈夫的暴力也是因为她付出的方式不对，一直以来都是如此。更过分的是，有的女人还认为"那个人打我是因为爱我"。

女人此前并不知道扎根在这世上的歧视女性的结构，因此她们意识不到自己所处的境遇是不合理的，只能一味忍耐，承受着没有出口的痛苦。

人在极度痛苦的时候，会试图依赖宗教或哲学等智慧，了解自己，撇开痛苦的情绪，获得安慰。

妻子一直遵从贤妻良母的规矩生活，发现丈夫出轨后，她会更努力地成为贤妻良母，然而内心还是愤愤不平。她去求神拜佛，祈祷丈夫不再出轨，并拼命许愿一定改正丈夫不喜欢的地方，让自己学会进一步隐忍。

但是，只要看了本书前面的内容，就会知道这么做解决不了任何问题，最终女人只能独自哭泣着承受一切。唯一的办法就是彻底改变女性与男性的关系结构，而那些甲板上的既得利益者绝不会改变，所以只能女人主动改变。弱女子必须重新

以爱为名的支配

寻回自我，变得更强，不断主张自我。要寻回自我，只能原原本本地接纳自己此刻的心情，与过去的自己不断对话。希望大家都能明白这一点。

还有一件很重要的事，就是每个人都要审视自己固有的成长条件，才能进一步了解自己。要解放缩小的自己，解放自己的话语权，打破沉默发出声音。要讲述身为女性有过怎样的不甘，吃过怎样的亏，又有过怎样的快乐。不能盲从外部的权威，而是要以自己的内心为依据，进一步说明就是在自我中发现神性，遵循它的声音。要踏上旅途，去聆听那个声音。

我就是这样通过工作、恋爱、心理咨询和交友，逐渐发现了自己的问题所在，这时才从我与母亲的纠葛中得到了解放。

我深爱着只能活在那个时代的母亲

母亲七十岁后放弃了对我的支配，开始表现出让她自己也忍不住轻笑的有趣的一面。母亲每个月都会从沼津到东京来看我一次，而我经常因为工作等事情不在家，于是母亲也经常自娱自乐地放松一把，有时几乎没怎么见到我，便又回家去了。

我曾问她，既然不怎么能见面，为何还要来。母亲的回答是她想一个人待几天。母亲平时跟弟弟一家住在一起，待在家里被子孙环绕固然开心，但有时也会特别想一个人待着。虽然乘新干线过来只需一个小时，但是她在车上看看窗外的风景，回忆回忆自己从小到大的人生，有时还能想起遗忘的往事，竟也过得特别充实。

而母亲内心总是会产生这样的疑问："我的家境这么好，家里为什么没让我上学？父亲那么疼爱我，为什么却总让我带孩子？"

母亲应该知道那些疑问的理性答案，只是内心无法接受罢了。

有一天我回到家，发现母亲正在听我的讲座录音，这让我吓了一跳。还有一天我回到家，发现屋里的盆栽上竟贴着母亲写的字条。我经常忘记给盆栽浇水，植物的叶子都枯黄脱落了。母亲也许是看不下去了，就在字条上写："我喜欢水，没有水就无法替你看家呀。"也许那是母亲替盆栽发出的声音。母亲那既像诗又像散文的话语，让我大吃一惊。

母亲没有受过正规教育，只是在结婚后跟我父亲学了写字和打算盘。现在她能够用片假名和平假名混合汉字写文章了。她写的汉字有时是左右颠倒的。正因为这样，她才写出了那诗一样的文字呢。我很感动。因为我七十四岁的母亲写出了一段有创意的文字，看到它，我内心感到极为震撼。

母亲还会利用废品制作各种各样的东西，比如用旧和服改造各种小物件,用衬里、布头、别人送的手巾等缝制双层小口袋或者小孩子背的双肩包,还拿去义卖会得过奖呢。她很喜欢自己动脑筋做东西,有时做了很有意思的东西还会拿来向我炫耀:"你看,我做出这样的东西了。"她有时还给屋子里的人偶做帽子,给人家戴上后笑呵呵地独自欣赏。看着那样的母亲,我觉得她真是可爱极了。

母亲那么有劲头,又是脑子够聪明、不迟钝的人,如果真的学会了一门手艺,肯定能打拼出自己的一方世界,让自己和更多的人乐在其中。一想到母亲的人生,我就甚为惋惜。母亲也经常说:"当女人真不划算。""你妈妈我啊,当初如果不是整天被吩咐带孩子,能像别人一样上学,现在也……"到了七十四岁,她还是没能放下这些。

充满活力的人,其心灵就像潺潺流淌的纯净溪水。然而母亲毕竟身患顽疾,已经不能到外面去学习新事物、尝试新东西了。她的背也已经弯曲了。内在的年轻,或者说那潺潺清流,与外表的苍老的共存,看起来显得有些怪异。世间被称作老人的人群中,或许也有很多外表与年龄相符,内心却有着潺潺清流的人。一想到这里,我就不禁觉得"老人"和"上年纪

以爱为名的支配

的人"这些称呼应该有所改变。

曾经疑惑"为什么只有当妈的要从早到晚给碗擦屁股"的母亲，至今仍在感慨"当女人真不划算"。大病痊愈后，她作为商人的妻子一直忙忙碌碌地生活，结果直到现在，母亲的快乐都是精心制作一盘料理，而伤心的时候或想要集中精力的时候，只能拿起针线缝缝补补。母亲很喜欢做针线活，因为这样能集中精力，也能安抚心情。但是母亲也说："当女人真不划算啊，整天只能做这些。"在母亲那个时代，为了生存下去，她只能从分配给女人的工作中寻找乐趣，让自己逐渐适应。所以，她才会说"整天只能做这些"。

将自己从压抑中解放的我的"女性主义"

母亲和社会不断地用"要有女性气质"来压抑我,而我则不断地抗争,想从压抑中得到解放。回过神来,那个过程已经耗费了我的半生。我在抗争中,按照自己的方式创造了自己的女性主义。也就是说,我为了将自己从压抑中解放出来,专门打造了能让自己感到满意的女性主义。同时我也深刻体会到,经济上的自立与生活上的自立,是人之为"人"、拥有"自我"的基本条件。

在这个基础上,女性主义对我而言,是一种必要思想,它将我从身为女人受到的种种压抑和屈辱中解放出来。所以,那并不是我通过学习而掌握的东西,而是为了让自己卸下重担，从内心深处一点点挖掘出来的东西。

这里最优先的是"我"，而不是女性主义；不是"我"贯彻女性主义，而是女性主义对"我"有用，所以我用了它。我的女性主义就是我的女性主义。没错，它只是田岛阳子的女性主义。一旦这身衣服变得过于紧了，我就会把它脱掉。如果女性主义对我有害，那我就要抛开它。但是，我的女性主义诞生自我的骨血，即使时代改变了，称呼改变了，它的精神也始终活在我的内心。

女性主义的理论固然重要，但如果只依靠理论，那跟女人依靠老公没有本质的区别。我们不需要成为女性主义的优等生。如果不用自己的脑袋想清楚什么是自己最重要的东西，自己究竟想要什么，那么自我又会再一次死去。"我"必须优先于理论。如果了解了歧视的结构，觉得有道理，并因此轻松了一些，就请利用这个知识，尽情享受自己的人生。

我说不出什么是对的，什么是错的，但我认为最重要的是自己认真决定自己的人生。千万不能因为自己是女人就受到制约。每个女人都有选择生活方式的权利，我们都掌握着自我的决定权。女人要从"女人"变回一个"人"，全面行使人被赋予的所有权利。如此一来，自然就能决定要不要听别人的话、要不要吸烟、要不要穿高跟鞋、要不要生孩子了。

当然，并非每个人都有如此完善的人生规划。但是，如果仔细倾听自己真正的"心声"，也许方向自然就会确定下来。只要相信自己的心声，那么自己想要什么、想拥有什么样的人生，自然就会变得明确起来。

斩断压抑，为自我而战

然而，找到自己真正想做的事情很难。我也在根据每一次的邂逅不断调整自己的方向，或者咬咬牙狠心丢弃那些自己讨厌的东西，才走到了今天这一步。已经决定了自己想做什么的人，是极其幸运的。人受到压抑时，虽然能成为优等生，却找不到自己真正想做的事情。

如果今后想自由地生活，想尝试许多事情，光有"女性气质"可不管用。女人本来也能自立，同样拥有"男性气质"正面印象中的潜质，但她们一直压抑并隐藏着那些潜质。所以，现在我们要彻底找回本来就属于自己的勇气、判断力、决策力等潜质，在生活中充分发挥出来。

在此之前，男性发挥这些潜质会被夸奖"有男性气质"，女性则被批判"没有女性气质"。因为不希望被批判，女人总是处在"我想做这个也想做那个，可是……"的割裂状态。我们一直在两种价值观中间左右为难。只要一直被他人豢养，就无法活出自我；即使不被豢养，只要被"女性气质"的社会规范所割裂，也无法活出自我。一直保持着割裂状态，女性的能量就会被耗尽，失去想做一件事、能做一件事的能力。被割裂的人会患上神经症。那种人内心的沟壑极深，即使可能会培养起某种人格魅力，成为说话风趣的人，也将无法取得任何成就。

人一旦被压抑，就无法感知自己内心深处的东西，把握不了自己的心情。自我就像被一大块湿毛毯包裹着，与外界相隔绝。人自身的感性如果被激发，就必须采取行动，一旦采取了行动，就可能溢出此前的框架，这就是所谓的"感觉"。正因如此，多数女性已经放弃了感觉。因为她们都害怕脱离这个巨大的社会给自己设下的框架，于是压抑了真正的感觉。尽管如此，她们心中肯定还是会感到烦闷。可以尝试将那些烦闷提取出来，顺应自己的内心而活。即使周围的人都不支持，也可以自己支持自己。希望你们不要输给周围，不要输给自己。

以爱为名的支配

走出奴隶船的底舱，朝甲板迈出步子，这是需要大量勇气和决策力的行为。因为没有经验，所以会格外困难。一个人坚持这种行动必然举步维艰，但如果要跟别人手牵手，牵手的人却都是被迫活出"女性气质"的人，也很难走远。被放在奴隶的立场上是一件很可怕的事情，那样生存会变得无比艰难。文化就在冥冥中把这样的生活方式强加在了女人的头上。即使现在左思右想、难以决断，即使觉得自己是个讨厌的女人，只要明白了这点，你就会知道你的烦恼并非你的责任。能够这样想，心情就会放松一些；心情放松下来后，也就知道不要输给那样的文化。当割裂的自己重新成为一个整体，女人就有了力量。希望所有女性都能找回丢失的力量。

　　正在苦恼的人，正在痛苦于割裂状态的人，请不要觉得只有自己不行，而是要坚强地克服当前的状况。请你们千万不要觉得"是我没有能力，是我不够好"。首先要认识到自身的割裂，然后去思索怎么才能过上顺应自我的生活，这不就是全新的出发吗？

　　人为了他人战斗更容易激发力量。但是，只有为了自己战斗也能激发出强大的力量时，人才算一个完整的人。

第五章　如何斩断家庭的压抑轮回

第六章
寻求纯粹的女性主义

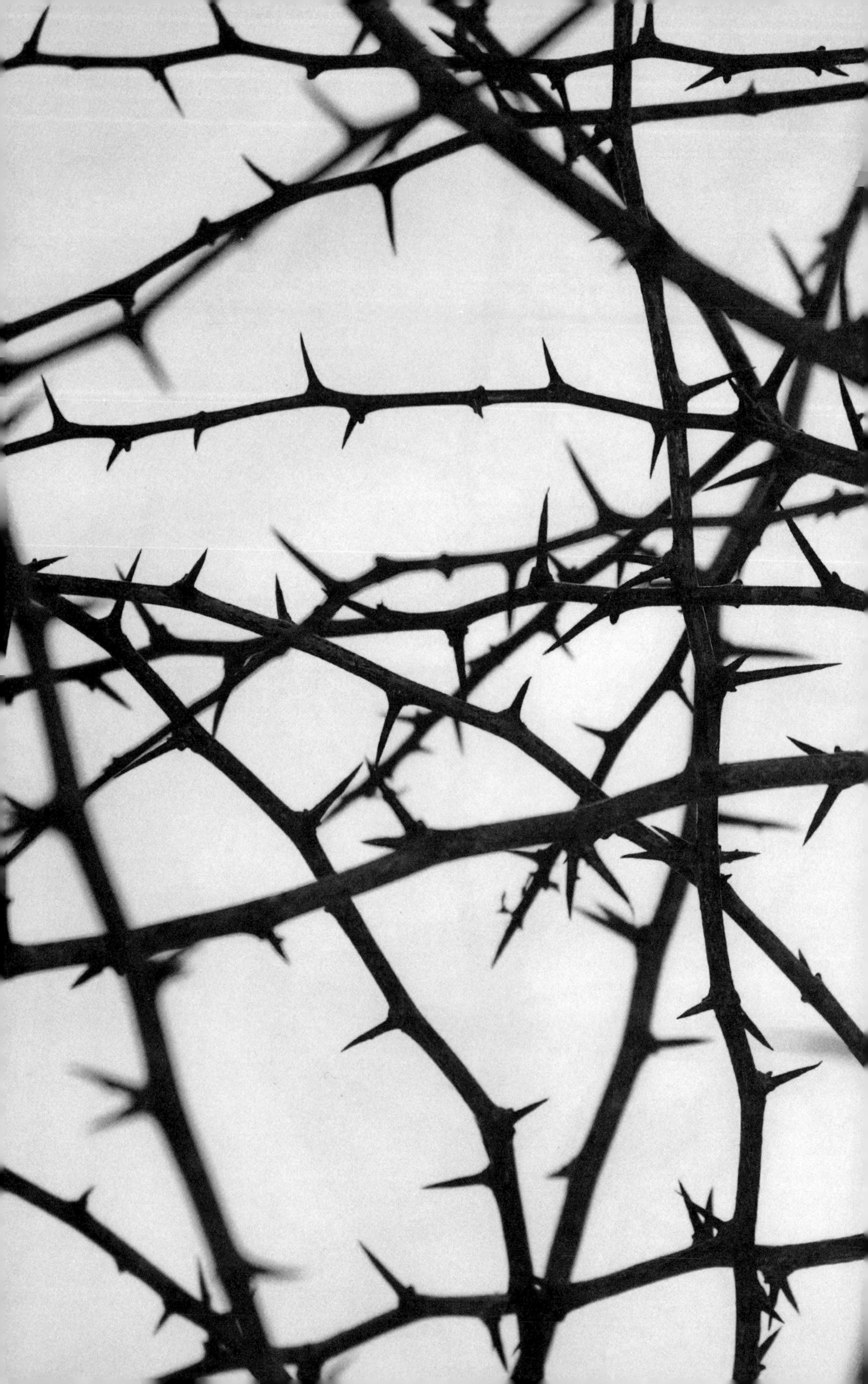

性别分工与生态资源

现在的主妇都具有强大的能量，但是要我说，那些能量完全没有眼鼻。主妇会在各个方面孜孜不倦地下功夫，却没有确定的方向。给那些能量安上眼睛鼻子，为其确定方向的，便是时代的能量。

如今，时代的能量指向了自由平等和高度的人权意识。女人的追求与时代的追求相一致，这是大好的事情。但是女人也要认清自己所处的歧视性状况，否则又会像第二次世界大战时那样，沦为枪炮背后的母亲。换言之，就是受结构所困，不得不在背后支撑战争，在暗中加剧环境污染，并催生出越来越激烈的应试教育。

常有读过一些书的女人说："女人就算没有钱，也是反现代化的。现在讲的是生态，地区运动至关重要。"

生态运动并无不可，我们大家都要支持。可是桨帆船底舱的女人不追求自我的自立和解放，反而只讲生态，未免有些强人所难了。因为女人也被称为"大地之母"和"自然"，跟地球一样被男人利用和榨取了源源不绝的免费资源。

男主外、女主内的男女性别分工，或者说桨帆船中男在上、女在下的结构本身，就是不断污染和榨取地球资源的罪魁祸首。因为通过女人的无薪劳动，男人多达百分之二百的剩余能力，最终会用于过度开发地球资源。女人在甲板之下作为"大地之母"遭受男性主义文化的压榨，同时也成了地球污染的帮凶。如果不能明确地认知这个问题，一味地发起生态运动，女人的处境和地球的处境都不会得到改善。丈夫在公司生产排出尾气的汽车，妻子被他养着，一边伺候他的生活，一边在地区发起"让空气更清新""让河川更清澈"的运动，这有什么意思？这算是为丈夫擦屁股吗？可是，这样真的能擦好屁股吗？

另外，如果不去面对性别分工的问题，为了反现代化而舍弃城市进入农村，女人还是要因为性别分工而被迫承担家务、育儿等工作，甚至在此之上还得务农，那就真的成了单纯的返祖。那样只会形成女人被迫用手洗衣，只有男人走过现代化，开始享受反现代化的结构。

女性中肯定也有"我反对性别分工"的人。然而很多人会这样说："我也要吃一日三餐啊，只是顺便把家人那份也做了。""不就是一条内裤嘛，纠结要不要洗这东西有什么用？能者多劳不就好了。我只是碰巧在家里，又有工夫做，所以就做了。"然而，这里也存在陷阱。女人并不是碰巧在家里。我们应该牢记，女人是被养在家里，专门做洗内裤这种无报酬的"女仆工作"。

几百年来，女人一直被训练做家务、杂事，照顾他人。男人一直在甲板上作威作福，从未受过训练，所以要男人做这些事会很花时间。于是女人嫌麻烦，不再试图改变男人，反而觉得"我只要多加把劲就好了，这样比制造矛盾更轻松"。就这样，女人承担了一切。

正因如此，女人永远无法离开桨帆船的底舱，她们只能接受对甲板上的男人言听计从的命运。而且女人并未参加甲板上的政治、经济等政策决定机构，所以无法阻止男人的行为。

船底的奴隶不知道自己划的桨会把船带往何方。奴隶所能看到的世界，被限定在了透过船底舷窗所能看见的范围内。

如果窗外的大海被污染了，奴隶珍惜自己的生命，就会说："哎呀，海水好脏。要是掉进这样的水里死了肯定很痛苦，要是被迫喝下这样的水肯定也很痛苦。污染不好，我们要爱惜地球。"然而，奴隶被强加了划桨的义务，对这些问题束手无策。

处在主妇奴隶的境遇中，即便她们说"我要保护孩子的生命"，可是她们身在不知船往何处开的底舱，受到了婚姻制度和家务劳动的束缚，又能做什么呢？她们上不了甲板，无法正式加入社会，无法参与任何事务的决策，又该如何保护孩子的生命呢？一旦战争爆发，炸弹从空中落下，她们只能扑在孩子身上，替孩子去死。哪怕是现在，女人所能做到的恐怕也只有这些。

控制欲强的父母造就的"不孝子女"

父母在决定孩子的将来时，往往无视孩子的意愿，单方面地命令孩子做事。他们甚至会要求孩子考这所大学，学那个专业。可是孩子听从了他们的命令，一旦人生失败，父母又无法为其兜底一辈子。时代的变化可能会与父母的想法发生偏差，而且父母通常会先于子女去世。但不知为何，父母就是坚信孩子只要听自己的就能得到幸福，依旧强制子女做这做那。

子女虽是子女，但也是拥有完整人格的人。父母连他们的人生道路都要左右，只能说是歪门邪道。我认为父母应该舍弃毫无价值的控制欲，多相信自己的孩子。

其实父母也从未认真想过何谓幸福，顶多只知道别人都这么说。自己这样做觉得幸福，所以孩子也该这样；自己这样做不幸福，就不准孩子这样。难道不是吗？

　　父母都希望子女幸福，想以人生前辈的身份对子女言传身教，这样的心情我十分理解。但是，子女对新时代的到来比父母更敏感，有时认真听取子女的直觉和意见，跟他们有商有量，反而能给将来要活在新时代的子女增添几分力量。

　　常有人感叹"我家孩子太不孝顺了"，但正因为父母试图控制子女，子女才会不孝顺。是父母的欲望和自私的期待把孩子打造成了"不孝子女"。身为父母的人越是缺乏自信，就越喜欢控制孩子。孩子无论怎么反抗父母，跟父母吵架，在人生的某段时期都必须依靠父母的庇护才能活下来，所以父母很容易误以为孩子永远属于自己。可是支配对方意味着自己同样依存于对方。父母如果能有相对充实的生活，就不会把自己没能实现的梦想强加给孩子，就算对孩子怀有过度的期待，他们也绝不能这样做。

　　我虽然没能按照父母的意愿生活，但并不认为这是不孝顺父母。曾经母亲一直对我不结婚的自由散漫生活抱怨不已，但是后来她再也不抱怨了。现在我认为，她并没有放弃我，只是承认了我的生活，承认了我的人格。子女会耗费漫长的时间一点点超越父母，时代也会出现父母想象不到的变化。所以我要在这里大声告诉所有人：遵照父母的意愿生活，屈服于父母的幸福绝不等于孝顺父母。

父母的人生属于父母，绝不是为了孩子。而孩子的人生也只属于自己，不是由父母支配的东西。因为父母与孩子都有独立的人格，如果能建立起彼此认同的亲子关系，那么我猜不久的将来，孝顺父母的行为和思想本身都会不复存在。

曾经，所谓的孝顺父母就是伺候年老的父母。可是现在，凡是好的父母都不想成为子女的负担。他们都有靠谱的人生规划，能够靠自己过好老年生活。

关键在于，父母与子女此前构筑起了什么样的关系，今后又要以什么样的关系共同生活下去。当然，每个家庭都会有不一样的亲子关系。

没有自我的"贤妻良母"

常有人说女性受到了歧视。可是妈妈们那么努力地养育子女,女人那么努力地为男人付出,女性为何还会受到歧视呢?为什么男人要歧视女人呢?

我认为,只要女人还是只讲究"女性气质"和"贤妻良母",女性歧视就永远不会消失。

在婚姻制度之下,在文化之下,在性别分工的名目之下,如果还是只有女人承担家务劳动,可以明确地说,女人和男人之间绝对无法形成人与人互相平等的真正良好的关系。也就是说,在男人养女人,女人只能从事家务、育儿工作的结构之中,男人就是"主人",女人就是"内人",即女人是男人的

"追随者"，男女之间依旧存在等级制度。

孩子长大了也会渐渐感到奇怪，那个自己最喜欢、最珍惜的人，竟然比父亲低一级，还每天过着孩子自己并不愿意过的生活。一般来说，孩子会被植入那是女人的工作这种意识，以解答其内心的疑惑。但是要让孩子将母亲视作一个独立的人，并尊重母亲，就不得不借助女性学的力量，并付出莫大的努力。

女人为了有"女性气质"而不得不压抑自我，这是一件很痛苦的事。但她们明白，如果没有"女性气质"，就得不到社会的接纳，讨不到他人的欢心，所以她们被迫一边内化这种社会规范，一边与内心的抗拒做斗争。与内心抗拒展开的斗争一旦成功，女人就会成为优质的"贤妻良母"。这是男性社会要求女性具备的"女性气质"的一种极致状态。

请仔细看"贤妻良母"这个词，里面有妻子，有母亲，唯独没有自我。"妻子"与"母亲"都是社会性角色。女性被要求完美地履行妻母的职责，但不能拥有自我。被关在奴隶船的船底，彻底失去自由——这种时候一旦拥有自我，就会痛苦得难以坚持，所以要扼杀自我。扼杀自我，牺牲自己的人生，为了这个家，为了丈夫和孩子付出一切。哪怕是为了更好地付出而保留了一点自我，在外界看来也只是过激反应罢了。

然而，那些过激反应的"贤妻良母"因为丧失了"自我"，也渐渐失去了直面心声展开思考的习惯。她们一味地遵从社会规范，而社会规范也会不时抛出一些口号。比如枪炮背后的母亲，比如反战，又比如保护生态。这时她们就像上文所说的那样，对内明明操持着丈夫与自己是上下级关系的非民主家庭，对外却在家长委员会等场合煞有介事地宣传民主的重要性。而且，她们自愿成为奴隶践踏了女性的价值，对外却宣扬不可歧视女性，或是展开女性解放运动，或是引领生态环保运动。其实她们压根注意不到自己在家中与丈夫保持着等级关系。

这样不行，女人会越来越蠢。旁观者就算不言明，也会直观地发现其中的矛盾，所以他们才会发明"家委会的大妈"这种称呼，揶揄她们的伪善和欺瞒。

如果想消灭女性歧视，家务就该全家人一起做。时间上不方便的人，就应该付出金钱请别人代劳。哪怕是让自己的孩子做家务，只要自己忙不过来，就该以兼职的形式向他们支付薪水。女人也不该再伪装"女性气质"和"可爱气质"，因为越伪装，你作为一个个体的价值，还有女性整体的价值就越会遭到贬低。

如此一来有人就会想，可以向负责家务的妻子支付工资啊。只要你情我愿，大可以如此。然而，这个世界上没有几个男人能够负担起妻子家务劳动的真正价值，因为它的价值如此巨大。而且我认为，不能把问题简单地理解成付钱就好，首先应该让男人和女人都意识到女人也是人。能做到这点，就会发现一百个女人有一百种活法。家务劳动换取到的薪酬可以让女人购买到一些自由，但我认为在"劳动应该得到报酬"的意识之前，女人首先要具有自己能够自由选择人生的意识，以及自己必须行使那个权利的意识。女人必须要赢得这个胜利。

亲手赚钱乃是自立之本

女人赢得了选举权,好不容易又赢得了受教育权。但不知为什么,她们经过激烈竞争考上大学,并且成功毕业后,却不让那些教育在自己身上发挥作用,反而进入家庭把学到的本领全都投入孩子的教育。从今以后,我们必须把受到的教育好好地投入自己的生活。

但是这里有个问题——女性的工作权既没有完全得到认可,也没有得到执行,因为工作权给女人安上了"双脚"。钱就是脚[1],脚意味着自由。女人获得自由的基本条件,就是靠自己赚钱。

有了钱,即使相隔千里,也能去见自己喜欢的人。没有钱,就算跟喜欢的人走到一起,等到不喜欢了也无法分开。

即使不想掀起风浪,没有钱也会一事无成。在男人的社会,有点什么事,钱马上就能到位。可是我们女人聚在一起想做点什么,却因为没有金钱的自由连办事的地方都租不到。若是想召集人马做事,女人也会因为被家务和育儿占据了时间而没有自由,再加上没有钱,真是难过登天。做什么都要费很大工夫,哪怕集资也非常有限,所以创造自己的世界与构筑独立的经济基础要同时进行。拿国家的发展来举例也一样。首先要有经济上的独立和稳定,这才是国家独立的基础。只要看新闻就知道,无法在经济上独立的国家,其内部局势肯定是不稳定的,对外也无法与其他国家展开平等的外交。

且不论女人要不要像男人一样工作,总而言之,女人现

---

[1] 钱就是脚:日本古代女性称钱为"御足",意为钱就像长了脚,不知不觉就自己跑了。(译者注)

在需要的是亲手赚钱的能力和行动力，这才是自由的第一步。为此，我们首先要摒弃一直以来被规训的"女人要青春、美丽而贫穷""人应该视金钱为粪土"的思想。常有人说："别总把钱挂在嘴边，世上还有很多比钱更重要的东西。"事实的确是这样的。然而，这句话只能用来评价能够亲手赚钱的人，评价他们的做法和哲学，并不能用于评价连自己赚面包的权利都被剥夺的女性。这也不是女人该说的话。实际上，那是男人为了堵住女人的嘴而发明的虚假的美德。

男人知道不给女性自由对自己是最有益的。他们不想放开女人提供的无偿家务劳动与各种方便。因此，他们会忽视女人的人性，转而美化她们的角色，也就是美化主妇奴隶的身份，以此来牵制她们的行动，尽力维持男人是女人的"主人"这种关系。

只要困于"母性",女人就永无自由

有的女人会因为绝经而说出"我已经不再是女人"的蠢话,并为之烦恼不已。正因如此,男人才会看不起没有了生育能力的女人,女人也会因此受到伤害。不管是否到了更年期,不管有没有生育能力,你就是你,我就是我,仅此而已。

可是那些不去培养自己,活着只为了生孩子和培养孩子的人,真的会因为不能生育而制造人生已经完蛋的骚动。她们敏感地察觉到了女性唯一被赋予的"母性"权利已然丧失,因为人们认为正是有了"母性"的存在,女性才得到了男性的珍视,勉强挂在了男性社会的边缘。但与此同时,正因为女性一直悬挂在边缘,才越发被男性社会边缘化。

有人说"男人到了八九十岁仍有余力,女性一旦绝经就生不了孩子,让这样的人活到八九十岁无疑是对地球最有害的事情",他还说,女人"就应该做女人才能做的事"。女人才能做的事,也就是"母性"规定所能做的事,反过来说,就是给自己套上枷锁,缩小自己的世界,不去侵犯男人的领域,不要招来男人的反感,不要刺激男性社会。这个心情我能理解,因为反抗男性社会真的很可怕。只要为"母性"而活,男性社会就一定会包容她们,追捧她们。男人一边瞧不起为"母性"而活的女人,一边把她们当成宝贝。所以女人才死死抓住这根救命稻草,千方百计地躲在"母性"背后,同时希望自己得到解放。

然而,这就像不斩断锁链却想要自由地飞翔,双脚被禁锢却向前扑倒,丝毫无法改变现状。只要女人执着于"母性",就等于限制了自身的能力。那样一来,女人就永远得不到自由。

生孩子与不生孩子本来是个人的选择。抛开孕育和分娩这种生物学意义上的"母性",养育孩子、照顾孩子这种"母性"不仅女人能拥有,男人也能拥有。男人就算挤不出乳汁,也有许多办法养育孩子。在此之前,只不过因为女人有生孩子的能力,男人就顺便编造了一个"母性"的角色,把最麻烦、棘手的育儿任务也扔给女人独自完成。因为这样男人更省事,也因此有了空闲用自己的名义在外面赚取酬劳。实际上,男人就算觉得小孩可爱,陪小孩玩个三十分钟也就厌烦了。说实在的,女人可能也一样。因为带孩子是十分繁重的劳动,一整天都干这件事肯定很辛苦。不仅辛苦,占卜师宜保爱子[1]还说她带孩子的那些年灵能力消失得无影无踪,孩子一上幼儿园,灵能力就突然回来了。

将女人限定在"母性"之下,就是限制了女性作为人类的能力。那样只会强化女性歧视,而绝不会使女性得到自由和解放。我们必须铭记,"母性"只是一种选择。

---

1 日本20世纪80年代活跃于电视上的灵能人士,粉丝颇多。(编者注)

第六章 寻求纯粹的女性主义

活在"树形人生"中，
恋爱、婚姻和生育都是分枝

在此之前，女性的人生规划中总会有"结婚"和"生子"，反而舍弃了作为人类应有的梦想、工作、希望和冒险。我认为这是不对的。人应该先做好自己的人生规划，再去考虑要不要结婚，要不要生孩子。想结婚的人大可以带着这辈子结婚三次也并无不可的心情规划自己的人生。

制订人生规划，就是放眼未来，观察世界的变化，考虑自己想过上什么样的生活。如此一来，自然就能决定要不要结婚，要不要生孩子。

一直以来，女人都觉得结婚和生孩子是理所当然的，但是在这个时代，结婚和生育都成了个人的选择，生与不生都由自己决定。我认为这样很好。不过，坚定了不结婚或不生孩子意愿的人，在做决定的时候也需要用到很大的能量。我认为，她们得出的人生答案，虽然跟肯定一切、按部就班的人不一样，但所需花费的能量其实是相同的。

女人不应该只满足于"女性角色"，而要积极改变自己的意识和态度，成为一个自由选择人生道路的独立的人。

因为一直以来都听人说婚姻是女人的幸福归宿，女人一旦遭遇挫折，就会马上用恋爱和婚姻来逃避，辞去自己的工作。男人也谈恋爱，男人也结婚生子，但他们并不会为此辞去工作。我认为，女人就算结了婚，生了孩子，也应该继续赚自己的面包。

我们应该团结起来创造一个能给自己赚面包的社会体系。认为结了婚、生了孩子就不需要自立，可以放弃自立，或者不得不放弃自立，这都是有问题的。养育孩子的人才更要拥有自己的立足之地，拥有自己的世界。没有自立过的人，恐怕很难教育出能够自立的孩子。

高中毕业后再读一年到四年的书，进入社会工作两到三年，然后结婚，不久后生孩子……在此之前，女人的人生就像奶油蛋糕的横截面，草莓下面是蛋糕坯，再下面是生奶油，每个人的分层顺序都一模一样。可是从今以后，女人要形成"树形人生"的思维方式，以"活着"为主干，在此基础上开枝散叶。"活着"就是赚面包，就是工作赚钱。换言之，就是拥有自己的世界。工作可以换，但要一直坚持下去。对人生而言，恋爱、婚姻、生育，都是主干上分出的枝叶而已。

但凡男人有为女人让道的度量

有的男人会说:"你们女的别总抱怨这个歧视那个歧视的,自己要努力啊。"他们还会说:"我们都是凭本事赢过来的,你们怎么就不能凭本事赢回去呢?"这么说确实没错,然而就是这些男人让女人抚养跟他姓的孩子,洗他的脏内裤,剥夺了女人的时间啊。

所以,现在只要听到男人说那种话,我就会说:"那你把脚拿开啊。"

男人一开始就在甲板上,他们通过竞争赢得资源。这与女人从甲板之下爬上来,再从男人堆里赢得资源当然存在很大的不同。女人光爬上甲板已经筋疲力尽了,所以我希望女人能够从一开始就在甲板上，希望女人的起跑线至少能与男人保持一致，这就是平权法案[1]（优惠性差别待遇）。我曾称其为"让女人穿上高木屐"。可是这么一说，男人就要骂"你这叫耍赖"。真的如此吗？让女人给自己洗内裤，给自己做饭，再让女人跟男人一样拼搏的人，是这些男人啊。北野武说，他是在去了非洲之后，才第一次明白了什么叫作"让女人穿上高木屐"。

这个世界依旧被男人掌控着，女人只是寄人篱下之人。因为摇钱树都被男人独占了，女人却被迫承担着无薪的家务劳动。再怎么不情愿也不得不照顾男人的生活，意味着女人就算想做选择也无从选择。这就是屈辱，这就是歧视。女人在男性社会被夺去了双脚，就像孙悟空与佛祖的关系一样，逃不出男人的手掌心。

可以说，我见过的男人作为个体都是好人。可是这些人

---

[1] 诞生于20世纪60年代美国黑人运动和妇女运动中。主要在教育、就业等方面，对少数种族、土著人、妇女等弱势群体给予关照。平权法案主张机会平等，如在大学录取、公司招聘等方面，给予少数群体优先权，以增加他们的升学就业机会。（编者注）

都置身于男女不平等的结构中,天天生活在这样的环境里,结果他们也因此在无意识的情况下成了女性歧视的帮凶。这种感觉就像一边跟女人握手,一边用另一只手打女人的耳光。

性骚扰便是如此。假设男人跟女人握手,夸奖道:"你真有才干,工作做得真好。"同时他又顺便盯着女人的胸部,心里想着上手去摸。这种事情屡见不鲜。你喜欢我,我谢谢你,但我拒绝因为不听男人的话就被"打耳光"。

在女人中间,有的人非但不觉得这种对话有问题,甚至还乐在其中。还有人觉得那是相熟的同事之间问候式的调侃,没有点性骚扰的黄段子甚至像是少了点什么。另外一些人觉得,为了得到工作,为了得到更好的职位,被人摸一摸屁股算不了什么。如果是自己选择的,自己负责任,那也无可厚非。可是,一旦男人的那种言谈举止令女人极其厌恶,以至于使女人无法安下心来工作,开始考虑离开职场,那就是彻头彻尾的性骚扰了。在感到不适的那个瞬间,它的性质就会变成性骚扰,而确定这一性质的主体,是女性。

第二章也提到过,以前在男人眼中,女人的利用价值不外乎满足性欲、生育后代、从事无报酬的家务劳动,所以他们在职场上对女性身体的触碰和谈论，其深层意义都是只把她们当成了性快感的来源，而非工作的人。

若问为什么让女性只做端茶倒水的活儿不合理，也是因为这相当于让女性回顾登上甲板之前的身份，并向她们强调等级的差别。

如果因为性骚扰而辞去工作，女性就难以为生。如果让女性仅做端茶倒水的工作，相当于限制其能力。二者都是对人权的侵害。

于我个人而言，我是依靠恋爱逐渐发现了自我，所以对那些与我针锋相对战斗的男人，以及那些"为我付出"的男人，我当然是心怀感谢的，但并不代表女性被放在受压迫的环境里就是好事。

男人应该尽量给女人让出道路。他们应该尽力支持女人，让女人成为独当一面的人。现在好不容易富裕起来了，我希望社会能够尽快创造出让女人带着孩子也能安心上班的环境，尽量培养起这样宽大的度量。其实我很想说，你们动作越快，证明度量越大。如果不想让女人和男人分开生活，或者不想把女人排挤出这个国家，尽早拥有那样的度量也能在国际上赚个好名声。

为此，人们必须改变一直以来的价值观和生活方式，从多生多产多扩张、重视效率、大量生产大量消费的时代，转向身体与心灵、外在与内里保持平衡，追求宽松生活的时代。

被迫脱离"有毒男性气质"却得到自由的男人

说一个在我担任讲师的新郎学校的故事。一个男学生对他女朋友说："你别抽烟了。"那位女生的回答是："关你什么事？"他说："我不想跟抽烟的女人结婚。"换作以前，女人肯定会想："他肯定是很爱我，担心我的身体才会这么说。"然而，他的女朋友并不是那种人。为此，他感到十分惊讶。如果他换一种说法，对女朋友说："那你跟我在一起的时候尽量不要抽烟好吗？"对方也许会把这当作一个请求而应允。一上来就说"你如果想跟我结婚就得戒烟"，这完全是瞧不起对方的语气。对方觉得他趾高气扬，那是理所当然的。因为这句话就是命令的语气，而且还有威胁的成分。虽然有很多女人把男人动不动就这样说话的态度误解成对自己的爱，但现在也有越来越多的女人懂得站起来反抗这种强加于人的话语了。

反过来，很多男人都应付不了那种有了自我的女人。他们会说"是吗？那就算了""我说的话你就不能听一下吗"，要么大吼大叫，要么生闷气，除了闹别扭完全不懂得有别的反应。

男人都觉得自己可以趾高气扬地对待女人。不管在恋爱中还是在婚姻中，男人都把女人当成了被自己使唤的手下。很多人把这误会成了"男性气质"。当这种态度引发问题，如果对方是男性，他们会自我反省，而假设对方是女性，很多男人就会满不在乎地说："我哪里错了？"他们通常只会觉得自己碰到了奇怪的女人，或是碰到了傲慢的女人。周围的人也会调侃他："你得支棱起来，别让人给看扁了啊。"尽管有可能错失自我成长的重要机会，男人却一心想着要面子，任凭机会从手中溜走。正因如此，日本的男人才一直被人说是全世界最幼稚的男人。

我觉得，最有魅力的男人反倒大多是跟那些与自己针尖

第六章 寻求纯粹的女性主义

对麦芒的犀利女人在一起的人。

常有人说"女人变强势了",其实这么说很容易引起误会。其实不是变强势了,而是女人好不容易开始恢复到原来的状态了。一直以来,她们都在桨帆船底舱一个劲地埋头划桨,最近总算抬起头来露出了自己的面庞。男人都很震惊,仿佛女人在他们眼中一直都只有长发、大胸,现在突然冒出了一张脸。这样一来,男人也不得不改变了。此前男人都觉得女人很好哄,把她们当成对自己言听计从的煮饭婆,供自己发泄性欲的没有脸的人,现在想必是备受打击。不过,真正强大的男人能够经受住那种打击,然后自愿做出改变。别的男人可能会觉得:"这人怎么回事,对女人低眉顺眼的。"但是在我看来,他们都是最有勇气的人。那种男人好奇心强,看起来很软弱,但精神相当强韧,能够耐心地跟女人谈论各种事务,具有高度的灵活性。换言之,他们都是自身感性没有遭到"男性气质"负面因素破坏的人。

调整女人与男人之间的时间差

现在,在杂志和电视节目上创造文化潮流的人,基本都是二十五岁到三十岁出头的年轻人。这些人见到比自己年长的人,似乎都开始产生"照他们那样做我们可能混不下去"的想法。因为现在的日本有了略微宽松的环境,人们正在重新审视自己的工作方式或生活方式,思考着改变的可能。

由于女性此前从未在能够拿到工资的地方工作过,许多开始工作的女性也充满了干劲,想要尽情发挥自己的力量,觉得工作真是太有意思了。如此一来,男女之间就出现了一个时间差,也就是认知的偏差。在这个男性社会里,女性就这样成了跟男性存在偏差的"迟到的人"。

此时此刻相对于男人而言，女人还处在发展阶段。如果用世界的南北问题打比方，女人的立场就跟南部的发展中国家一样。东南亚各国目前正在努力推进工业化，他们大量进口汽车，城市中充斥着紫色的汽车尾气。那么，别人能说这样造成了大气污染，要求他们不要开车吗？任何国家都有走向现代化的权利，别人无权这样要求。事实上，由于北部要求南部这么做，世界性会议总是谈不拢。不能因为我们自己排放了大量废气完成了现代化，就对别人说："我们知道这样做有害，所以你们不能这样做。"

还在大量排放废气的北部发达国家，首先应该改变自己的生活方式和思考方式，如果开发出了不会产生废气的汽车，应该把制造方法传授给南部发展中国家，只能这样不是吗？事实上，发达国家确实出现了去工业化的倾向，也有人开始思考停止使用汽车。

同样，男人此前不知抽了多少香烟，最近越来越多的人开始戒烟，而女性的吸烟率则在不断上升。那也许是因为女人开始全身心地投入工作，压力越来越大了。

女人刚开始投身工作，刚开始学会吸烟饮酒，而那些早已吸够了烟、喝够了酒的男人跳出来叫她们"别这么做",由于女人和男人之间存在偏差,她们不可能马上就说"我知道了"。女人其实在沿袭男人发明出来的消解压力的方法,而且那些方法确实有效,谁又能开口阻止呢?

　　思考这个偏差跟思考南北问题一样困难。对于南北问题,我们要在保证发展中国家能够实现自立、提高经济实力、完成现代化的基础上保护地球。女人和男人的关系也一样。此时此刻,女人和男人都要重新思考不同以往的为人处世的方式。

与自食其力、充满魅力的女性欣然相遇

自己赚钱养活自己的女人越来越多了，自己出来工作的女人也越来越多了。

一旦走上社会，就会遇到许多极具魅力的女性。她们充满了活力，都格外可靠。那是我在男人身上感觉到的可靠，也是别人在我身上感觉到的可靠。不管家中有妻子或丈夫，还是独身一人，我们都是作为一个独立的人得到了信任。我此前遇到的许多男人，不管是否产生恋爱关系，大多是工作上值得信任的人。那是因为他们都是靠自己的双脚站立的。近来，越来越多的女人也开始靠自己的双脚站立了。这样很好，这样很值得高兴。

过去一旦出现什么问题，女人都是无法仅靠自己解决的。即使一大早就聚集起来开会，只要开会的人无法自立，无论她们有多好的主意，也会因为缺乏社会性和执行能力而很难得到结果。但是最近，女人即使遇到了问题，也能跟女性同胞共同商量解决了。而比这更美好的事，就是女性同胞能够团结起来真正去创造一些东西，甚至兴办事业。

有的男人动辄点评"女人能干"或者"女人不能干"。现在结了婚还出来工作的女人，都是一边在家里当主妇奴隶，一边在甲板上跟男人干同样的工作，劳作可谓极其繁重，辛苦极了。那些不情不愿同意了女人出来工作的男人都说："你得先做好主妇奴隶，然后才能加班工作。"对此，我称为"现代残酷物语"。因为男人对女人提出的条件是船底的工作和甲板上的工作都要完美地做好，这难道不过分吗？

男人家里有主妇，有人照顾他的生活，所以能在甲板上完成百分之二百的工作。如果上到甲板上的女人被要求完成跟男人一样的工作，那就意味着她们要在甲板上付出百分之二百的努力，回到家中又要完成百分之一百的家务。换言之，婚后出来工作的女人几乎要完成百分之三百的工作。所以，如果要

第六章　寻求纯粹的女性主义

跟男人做同样的事情，女性何止要付出双倍的劳动，实际是三倍的劳动。

当女性付出了三倍的努力，好不容易爬到甲板上，男性却对着她的手踩上一脚："你不过是个二等公民，不配来到我们上等人的地盘。"女性被踩了手都会吃痛，于是忍不住松开，然后说："我太累了，我不想工作了。"然而，即使男性不断地做出这种打地鼠的行为，女性还是毫不屈服，不断努力，所以才总算有了《男女雇佣机会均等法》，那些想要往上爬的人都开始爬上甲板了。由于劳动力不足的问题，今后男性将再也无法忽视女性。甚至有人开始说奉承话："最近的女性头脑都很不错啊。"

就这样，女人的能力正在一点点得到承认，但是反过来，也出现了针对女人的坏话。每当听到那种坏话，我都会说："难道你说的那种人在男人里一个都没有吗？"这时对方就会回答："呃，男人里也有就是了。"女人爬到甲板上，只要所作所为稍微不同于男人的风格，必定会成为受攻击的对象。因为甲板之上是男性社会，男人默认女人必须遵从他们的做法。所以女人只能先遵从男性社会的规则，同时为了逐步构建更方便

以爱为名的支配

女性工作的环境，一点点增加职场女性的数量，与男性取得平衡，并不断提出自己的主张，让女性所处的环境越变越好。为了不让男人张口就说"你们女人如何如何"，我们还要修改法律条款，出台新的法律制度，并且熟练地运用法律武器，譬如《育儿休业法》的出台便是一例。

尽管如此，男人还是要说："女人太弱了，要由男人保护。"在如今这个时代，真的想保护女人，就应该为解决女人面临的问题伸一把手。这才叫真正的男性柔情，不对吗？

总而言之，我希望甲板上到处都有女人，希望女人能更积极地抛头露面，希望她们能拥有更重要的地位。我希望女性主义者能够尽量站在创新的立场上，站在决策的立场上，站在政治、经济和媒体的重要位置上。这是我由衷的愿望。

我明白女人中间也有令人讨厌的人，但我还是希望能干的女人能越来越多。就算有的女人脑子里跟男人没什么两样，但只要身为女人，每个人肯定都有自己的苦恼。没错，也许在将来的某一天，我们也能跟那样的女人互相挤挤眼睛。因为这样的现象已经开始出现了。那些大声说"我最讨厌女性主义"的女性，有时竟也会在谈话中表现出比那些自称女性主义者更彻底的女性主义思想。所以我有一种预感,也许就在不久的将来,我们能携起手来,共同开拓。

无须戴冠的女性主义

我想讲讲十几年前的女性主义。

我感觉，女性主义在日本虽然迎来了发展的时机，却有很多人对其敬而远之，不予理解。其原因之一，就在于日本一直以来的女性主义只是"戴冠女性主义"。也就是说，马克思主义女性主义、生态女性主义和反现代女性主义当道，而女性主义本身却很难普及到一般人身边。

那些头上戴了帽子的女性主义也许可以算是摸索阶段的，或者说是为了让世人理解女性主义的一种策略，但是就阶段而言，我认为那些都是发展中的女性主义。"戴冠女性主义"从某种意义上说，也许是通过对既有思想（比如马克思主义、反现代主义或生态主义）的补充或依附，先吸引男性来关注女性主义。可是，想要贯彻女性主义的女性反而会因此陷入混乱，不说得到解放，甚至有可能背负上更多的压抑。因为普通女性并不了解作为学术的马克思主义、反现代主义和生态主义。女性主义是人权思想，大可以去掉头上的"冠帽"，也就是那些既有的思想，只保持纯粹的女性主义就够了。

我选择的是纯粹的女性主义，但也有一些人专门给它加上"radical"（根源的）的前缀，称其为"基进女性主义"[1]。其实女性主义就是女性主义，它的本质如其名，完全没必要非在其头上戴一顶帽子。

好几年前，我被邀请到公民馆[2]开讲座或演讲，听出席者的问题或讲话时就发现，一部分试图通过女性主义解放自己的家庭主妇反倒受到了知性的束缚。她们接收到的女性主义都是生态女性主义、反现代女性主义或马克思主义女性主义这种戴了帽子的女性主义，而她们从中得到的信息，则是对资本主义

---

[1] radical feminism，一般译作"激进女性主义"，但此处作者的目的是论述女性主义的根源本质，故使用"基进女性主义"的译法。（编者注）
[2] 近似于中国的文化馆。（编者注）

或现代化的批判。

那时到公民馆听讲座的家庭主妇有很多是团块世代[1]的人，其中也有年轻时参加过学生运动、习惯了左翼思想的人，所以面对批判资本主义和批判现代的戴冠女性主义，她们可能会觉得很好懂，很容易吸收。但是看那些人的生活方式，我发现对于最关键的女性主义本身的理解，反倒成了次要的东西。

当时作为研究者的女性主义者，都是在各自的专业领域有一定知名度的人。她们在接触到女性主义后产生了共鸣，认为那才是女性所寻求的思想。因此，许多研究者暂时中断了自己的学术研究，转而投身于女性主义的普及工作。这有点中途换车的感觉。也就是说，她们都以自己已经在专业领域中构筑起来并制度化了的思想为平台，去解释女性主义这种新的思想。这仍是那些专家对自己专业领域的运用，可以说本末倒置了。

研究生态主义的人就提倡生态女性主义，研究马克思主

---

[1] 日本在1947年到1949年出生的一代人，是推动日本在20世纪60年代经济腾飞的主力。（编者注）

义的人就提倡马克思主义女性主义，她们在各自的专业领域吸收了女性主义思想，然后加以解释。可以说，她们的女性主义视角，完全不同于在漫长时代的角落兀自坚持着女性主义的生活艺术家驹尺喜美和已故的小西绫（享年九十九岁）等人的女性主义。驹尺喜美是以女性主义的视角重新审视了生态主义等既有思想，跟她们略有一些不同。

那些作为既有思想的研究者的女性主义者，都是已经爬到甲板上建立了丰功伟绩，跟男人真刀真枪较量过的人。那些人在女性主义方面觉醒了，开始搞生态女性主义或马克思主义女性主义，听起来自然是非常犀利的，极其清晰地解释了社会的歧视性结构。尽管如此，提出这些观点的人还是让人感觉并没有完全深入甲板下方的世界。她们当然会走到甲板下方，但其本身始终是甲板上方的人，一旦做完研究就会回到甲板上方。为什么这么说呢？因为随着探讨的深入，那些人的立场会逐渐向我所说的"父亲的女儿"倾斜。这些分析者都是不折不扣的女人，也一直在分析"女人"所处的情况，但与此同时，她们依旧没有完全抛下男人看待女人的视角。

极端一点来说，她们就像那些已经完成了现代化的男人，会宣扬资本主义的实际危害和现代化的坏处,但是绝口不提现代社会的规则可能更有利于女性的解放。她们也绝不会说:"我们生活在资本主义社会,不如先在现有的环境中努力争取吧。"

即使拒绝社会劳动，家庭主妇也是资本主义的帮凶

那些在公民馆学习女性主义的家庭主妇所接收到的信息就是：压抑女性的元凶是资本主义，是企业，而且父权制与资本主义相勾结，使女性陷入了被压抑的最深渊。此外，那些在女性集会上演讲的自称女性主义者还说：女人一旦在大企业工作，就间接构成了对东南亚女性的压榨；包含兼职工作在内，女性通过工作赚钱的行为本身就是资本主义社会的帮凶。实际上，二十世纪七十年代日本就有人写过《痛击工作女性》的论文，二十世纪八十年代则出现了"企业总撤退论"。

到头来，女人一边接收着要经济自立的信息，一边又被

教育一旦走上社会找到工作，就会被卷入资本主义，间接压榨别人，仿佛前方同时亮起了绿灯和红灯。这样就跟以前的女性压抑一样，把女性放在了双重束缚的环境中。大家都为此烦恼不已、畏首畏尾，也正因为这样，日本的女性生存状况严重落后于别的国家。

实际上，那些白天在公民馆参加讲座学习女性主义的家庭主妇的丈夫，大部分都是公司职员。家庭主妇靠丈夫工作养家，为了保证丈夫能安心工作而包揽了所有家务，以相夫教子为己任。很显然，她们不用直接进企业工作，也以家庭为单位对企业的发展做出了贡献。

她们再怎么拒绝社会劳动，拒绝为资本主义的发展出力，也以一种极为巧妙的方式促进了企业乃至资本主义的发展。她们与那些在战争中支持了战争的妻子们虽然身处不同的时代，但同样也是"枪后之妻"。而且她们自己不工作，就要更依赖于丈夫的收入，越是被迫从事无薪酬的煮饭、洗衣、育儿等家务，对丈夫的依赖程度就越高。正如我在上文中分析的，女人的人生选项就这样被缩减到了极限。

这种矛盾类似于丈夫是污染河川的洗涤剂公司的老板，

他的贤内助却在空闲时间参加生态主义运动，呼吁"还我们干净的河川"。

像现在的日本这样，男女分工明确且情况得不到解决，在这个基础上提倡男女平等，使女性的传统职业向男性开放，越来越多的男性开始走进女性的职业，而女性则无法走进男性的职场，到头来就很容易变成"丈夫在外面当男保姆养家，妻子在家煮饭"的模式。

就算有了《男女雇佣机会均等法》，我们只要看看周围就知道现实没有那么简单。这个社会依旧保持着男女性别分工。更进一步说，性别分工问题没有解决，保姆等女性的传统职业还被男性侵占了。保护生态环境固然很好，但纵容对女性的歧视就会让这一切变得毫无意义。

以爱为名的支配

关键不是谁来支付家务劳动，
而是男女个体如何改变

马克思主义女性主义以马克思主义作为分析的武器，重新审视了在男性主义支配下被男性忽略的生育和家务等无薪酬家务劳动的价值。马克思主义女性主义为计算女性家务劳动价值提供了理论依据，以具体数字的形式给出了女性被压抑的证据，这无疑是非常有价值的信息。但是我认为，当我们提出"家庭主妇的无薪酬劳动究竟由谁支付，是国家支付还是企业支付"的问题时，最关键的女性主义反倒变得不清晰了。

实际上，如果由企业来支付，当然意味着企业对劳动者的压榨会变得比以往更严酷而巧妙，员工将会进一步被企业套牢，因为他们抓住了家庭这个弱点。

此外，如果由国家来支付无薪酬的家务劳动，就意味着钱来自税收。这样一来，单身工作的女性和男性就太可怜了。他们只因为没有结婚，就要比已婚男性缴纳更多的税费，而且因为没有主妇奴隶，全部家务活都要自己做。就算出钱请家政，也享受不到国家给的抚养减免政策。婚后一边带孩子一边工作的女性同样要被收取很多税金，而且她们还得付出两倍、三倍的劳动，同样也没有主妇奴隶伺候。

因此，唯一的得益者就是在家中养着主妇的男性职工。进一步说，最大的得益者就是能够压榨员工十二分劳动力的企业。聚集于"企业还是国家"的问题，到头来只会让自己攻击的对手得益，而使工作女性最吃亏。换言之，这是一个越指责企业，就越能让企业得益的机制，而且与之相辅相成的推崇家庭主妇体系的婚姻制度还会越来越牢固。

当攻击对准了企业和资本主义制度，个体的男性就会做出事不关己的反应。因此，个体男性的想法不会发生任何改变。只要攻击目标一直是企业，就有可能一直把男人往企业和国家的方向推，女人就完全得不到解放。

以爱为名的支配

挪威的女性团体也在另一个层面上面临同样的问题。一九八九年，我担任日本女性学会的代表干事时受邀参加了一个会议，其目标是督促联合国将主妇的家务劳动列入GNP（Gross National Product，国民生产总值）的范畴，"就算不会真的支付，也希望能够把它列入GNP"，借此表现出对女性的尊重。然而，这真的不会变成只为了表面好看，从而美化自我牺牲吗？换句话说，那个活动只不过是促使人们在国际范围内认可贤内助的功劳，确保女人的自我牺牲能够得到国际资格认证。也就是说，只要能加入GNP，女人的无薪劳动就得到了认定，可以继续维持现状。

普通女性本来就容易安于现状，而不去争取自我解放，所以那并不是一个很好的方向。可能有人认为，为了让世人注意到女人一直以来承担的无薪劳动，有这个活动总比没有好。然而那充其量只是一个步骤，如果没有进一步的愿景，恐怕很难走向女性解放。

今后需要"追求平等的心灵"和"现代化的双脚"

戴冠女性主义者还坚称：父权制与资本的相互作用加剧了女性压抑。不过，真的是这样吗？

父权制毫无疑问是压抑女性的元凶，那么，资本真的是与父权制比肩的压抑女性的元凶吗？

其他国家的工作女性也跟我们日本的女性一样，只因为身为女性就要付出比男性多两倍、三倍的劳动，同时还要承受家庭暴力的痛苦，这个现实又如何解释？

无论什么国家，只要在没有女性主义的地方，女人所处的境遇就都一样。可以说，当今世界已经进入了"择其善者而从之"的时代。

我猜测,很多推崇女性主义的男人认为,把压抑女性的元凶认定为资本控制的企业,远比推进自己与身边的女性及家人关系的民主化更轻松。另外,还可以不无恶意地猜测,持有同样观点的女性也许认为把现代化视作敌人,远比自己走进充满敌意的社会努力工作更轻松。

现代化有很多问题,但社会生产力的发展确实解放了众多女性。现代化和民主化程度不断提高,个人主义发展得更成熟,女性的解放程度也会更高。

现代社会和个人主义不成熟,女性主义自然就无从谈起。女性主义要求男人和女人都有高度的个体成熟度。日本的女性主义还在发展过程中,尚处在低迷状态,这是因为日本男女的个体都是尚在发展的个体。男人和女人还生存在等级关系之中,作为个体都不够成熟。

试图利用男女关系不平等的社会弱点,正是资本控制的企业的所作所为。资本会利用人类的弱点榨取金钱,比如欲望、不安、孤独。女性歧视同样是资本利用的弱点之一。如果女性不打破性别分工实现自立,男人也不会自立,而企业就像一个追求利益的楔子，深深插入了这种不得不互相依存的关系。

我认为，资本最惧怕的就是自立之后拥有了自我的人，也就是知晓了自由的人。而企业觉得最不好应付的人，应该也是实现了自立的人。因为他们不会对企业言听计从，还会反过来批判企业，找到条件更好的就会马上跳槽。如果想留住优秀的人才，就要不断地提高待遇。

苏珊·乔治[1]在《另一半人的死亡——全球饥饿问题的真正原因》(*How the Other Half Dies: The Real Reasons for World Hunger*)中发出了忠告，要求发达国家"停止对发展中国家的干涉"。同时，她还呼吁第三世界人民完成自立，"无论前路有多少艰难险阻，都要减少对欧美的依存"。她还说："之所以有那么多人饱受饥饿之苦，是因为跨国企业恣意横行。"所以，要拯救那些人，就要向企业发出抗议。她又指出，即使在生活中节约，发起什么"少吃一个汉堡"的运动，也只会"强化畜牧业垄断者的垄断地位"。

---

[1] 苏珊·乔治：Susan George，出生于美国、定居于法国的政治经济学家、社会运动家。（译者注）

我听说过一件事，某相机企业读到一所小学的授课记录，得知老师在课堂上向学生介绍相机的一次性电池如何浪费资源，马上就改善了电池的使用方法。

因为企业都要靠口碑活下去。

女性主义的目的是探索有民主而无歧视的富饶社会

那些批判现代机器文明的反现代女性主义信奉者说，进入现代文明之后，女性受到的压抑反而强化了。

明治时代提倡"贤妻良母"，将女性赶进家庭，通过性别分工强化了女性压抑，这是不能否定的。我们的祖母和母亲在当时承担着繁重的无薪劳动，连休息的时间都没有，现在的家庭主妇很显然轻松了许多。这是因为随着现代化进程的发展，家庭主妇不仅从贫困中得到了解放，还因为洗衣机、吸尘器、电饭煲等家用电器的出现大大减轻了家务劳动的负担。从中生出的时间和精神上的宽松开始使女性培养自我，使她们认识到自身受到压抑的事实。

遗憾的是，现代化进程落后的贫困国家不可能实现女性解放。因为经济越是贫困，家庭乃至国家就越依赖于女性的自我牺牲和无薪劳动。

1998年美国人口危机委员会（Population Crisis Committee）评定日本女性的解放程度在全世界排名第三十四。这份调查还显示，非洲饥饿问题导致女性与儿童的死亡率居高不下，是因为成年男性夺走了他们的食物。另外还有一个广为人知的事实，近来到日本工作的东南亚女性都是为了家庭出国赚钱，其收入全部被等在家中的父兄霸占。

日本的家庭主妇现在才开始赶上二十世纪六十年代美国的家庭主妇。在二十世纪六十年代引发了美国女性解放运动的书籍《女性的奥秘》（*The Feminine Mystique*，作者贝蒂·弗里丹）分析了居住在郊外的宽裕主妇的不满。现在的日本女性正好处在与之相同的状况中。

翻开报纸，经常能看到女人被丈夫、情人和路过的男人杀死或是强奸的报道。杂志和媒体都在物化女性，女性自身则身陷家庭奴隶的囹圄，成了笼中的金丝雀。千万不要忘了，无

第六章 寻求纯粹的女性主义

论是家庭主妇还是工作女性，甚至是美智子皇后[1]和雅子太子妃[2]，只要身为女人，大家都会遭到同样的歧视。

而且，女性遭到的歧视很难被看见。因为女性歧视已经被高度结构化，成为习惯和风俗，融入了自然和文化，使得被歧视的女性和制造歧视的男性都难以察觉。男性本位社会的思维方式使男性支配成为可能，促使将歧视视作"自然"的男性对女性进行结构性的支配，并物化、私有化女性。剖析和审视这种思维方式，摸索更民主、更公平、更平和、更宽松的和谐社会，也是今后女性主义面临的课题。

为了帮助女性甚至男性摆脱男性本位社会的欺骗与暴力，实现无止境的自由和平等，女性要带着自信进入社会的各个领域，站在决策者的位置上发出声音，引导社会前进。当我们真正站到了男女各占半边天的平等的起跑线上，一定能描绘出与之前截然不同的、更美好的未来蓝图。

---

[1] 日本第125代天皇明仁的皇后，是首位嫁入日本皇室的平民。2019年4月30日，明仁天皇退位，退位后，美智子被称为"上皇后"。（编者注）
[2] 出身于外交官家庭，曾被视为外务省非常有前途的女外交官。1993年嫁给德仁皇太子，2019年5月1日，德仁即位天皇，雅子成为日本第二位平民出身的皇后。（编者注）

以爱为名的支配

后记
太郎次郎社版本

我做的演讲，无论是九十分钟还是一百二十分钟，每次结束时都一定会有内容讲不完。我只能留下一句："后面的内容留待下次再讲。"然后走下讲坛。毕竟女性受到的结构性压迫已经持续了成千上万年，一时半会儿怎能讲得清楚？哪怕只讲一个事例，也会牵动整体。

我花了很长时间才完成自立，所以在向别人传达这些话时，会变得十分痛苦。尽管如此，无论初始还是终结，都只有这些话。这沉重的话语，能否自己拥有血肉，最终独立行走？该如何传达，才能让人们用心去接受它？

我总是焦急于解决这些问题，到头来却因为时间不足而草草结束。这本书也跟那些演讲一样，话还没说完，就要结束了。我觉得它就像个早产的婴儿，一直将它抱在怀里不愿撒手，最终被朋友斥责一顿，说我不够干脆。

因为本书计划于今年二月发行，现在已经拖延了八个月。听说连那位特别讲究的浅川满社长也忍无可忍了，而温柔又有耐心的三宅洋子编辑更是尖叫着说："我要成立编辑受害者联盟讨伐你！"尽管如此，我这无情的人啊，还是又拖了两个月。

曾经豪言暑假前一定写完，如今暑假来临却屡屡推迟，一直拖到九月都过去了十天。而我还是赶不上，此刻正在伦敦迷迷糊糊地倒时差，同时写下这篇后记。

本书诞生的契机，是《人》杂志（一九九一年一月号）的性教育特辑邀请千川先生、斋藤茂男先生与我做一场对谈。斋藤先生是日本青年馆主办的新郎学校的副校长，我在那里担任讲师时，他向森田一义主持的节目《笑一笑又何妨！》推荐了我，让我出任"新郎学院"栏目的主讲嘉宾。对此一无所知的我，有一天突然接到了富士电视台打来的电话，稀里糊涂地就从轻井泽的深山跳到了电视屏幕上。

以爱为名的支配

这本书和那个电视节目，归根结底都是斋藤茂男牵线搭桥而来的。

北山理子女士和三宅洋子女士为我付出了很多。北山女士在整理录音、起草原稿时帮了我不少忙，也给了我不少动力。三宅女士真的太辛苦了，我在她面前一辈子都抬不起头来。她听了肯定会说："你现在说得好听，反正转头就忘！"尽管如此，我还是要对她表示由衷的谢意。

另外，关于本书的标题，我一直在《以爱为名的支配》和《变成小小的女人》中间摇摆不定，也给浅川先生带来了很大的麻烦。现在我只盼望着"结果好就什么都好"的那天尽快到来。

田岛阳子 执笔于伦敦

一九九二年九月五日

后记
讲谈社+α文库版

太郎次郎社出版单行本《以爱为名的支配》已经过去十三年了。当时只有七岁的孩子，现在都二十岁了。在此期间，受时代浪潮的冲刷，世界是否发生了很大的改变呢？

年轻女性依旧几乎光着身子走在街上，个个沉迷于减肥。电视节目依旧热情地讨论着F罩杯、H罩杯的话题。十三年前流行过齐长发、紧身裙，现在虽然叫法不一样了，但女性时尚的本质依旧没变。

也许因为都不想成为"败犬[1]",年轻女性的早婚意愿急剧上升。电视节目上的女艺人异口同声地说着落后于时代的封建称谓,动辄"我家主人"如何,"我主人"如何。看到她们这样,年轻女孩就更盼望着结婚了。

艺人离婚时,人们对女方万变不离其宗的谴责套路就是"不做家务"。媒体和观众都对歧视用语非常敏感,但好像谁都不觉得用"不做家务"来谴责女性会构成歧视。

再来听听怎么说工作女性的。她们若是胆敢加班,现在仍会激起一片指责:"别光顾着工作,回家给老公做饭要紧。""你这样老公也太可怜了。"若工作女性不配合他们表现出很不好意思的样子,就难以维持"舒适的社会生活"。

评判女性的标准依旧是身体是否美丽、有魅力,家务劳动做得够不够好。乍一看甚至比十三年前更保守了。

事实上,从儿童"将来想要做什么"的调查结果也能看出来。男孩子最希望成为的是棒球职业选手,第二是足球运动

---

[1] 出自日本女作家酒井顺子 2003 年的畅销书《败犬的远吠》。"败犬"是对超过 30 岁未婚无子女性的戏谑称呼。(编者注)

员，第三是学者、博士，第四是木匠，第五是饭店老板。女孩子最想开饭店，第二是当幼师，第三是护士，第四是老师，第五是饲养员、宠物店员、驯兽师。[1]

也就是说，男孩子选择的都是"男性气质"十足的运动类工作，女孩子选择的则是"女性气质"十足的家庭和"母性"的世界。这个结果证明，提倡性别分工的旧价值观至今仍深深扎根在孩子们的意识中。

这个现状还体现在了调查男女差距情况的"性别差距指数"中。日本在全世界五十八个主要国家中排第三十八位。[2]

尽管如此，日本还是有很多女性觉得身为女人真是太好了。

在东亚各个国家和地区展开的"下辈子还想当女人"的女性调查中，日本女性回答"是"的比例最高，有七成之多。[3]

---

[1] 来自《未来的愿景》（《我长大了想成为什么》，日本第一生命保险株式会社，二〇〇四年版，二〇〇五年四月发行）。（原书注）

[2] 性别差距指数由国际性民间研究机构"世界经济论坛"于二〇〇五年发布。（原书注）

[3] 来自《来生还要做女人》，日本统计数理研究所于二〇〇五年发布。（原书注）

而对男性展开的"下辈子还想当男人"的调查中,男性回答"是"的人都高达九成。也就是说,男性很清楚生为男性比女性更有优势,也知道歧视女性对自己更有利。

在这种环境中依旧觉得"生为女人真好",证明日本是个让女性不容易产生"不公平感"的国家。换言之,就是一个具备了较好的生存条件,让女性不会产生想要推倒"男性大本营"这种想法的国家。

日本的经济和物质条件较好,想要什么都能得到。富裕的消费活动催生了肯定现状的风潮,巧妙地抚慰了女性的不公平、不平等的感觉,把她们糊弄过去了。

对于某些一眼就能分辨出来的歧视,女性也会因这个性别独有的被压抑的精神状态而无法充分认识到那是歧视。

但与此同时,敢于站出来发声的女性数量也多了起来。在男性获益的社会,男性很少会为了消除歧视奉献力量。尽管如此,在联合国主导的重视女性人权的世界潮流推动下,日本有了《男女雇佣机会均等法》和《育儿休业法》,学校的家政课程变成了男女同修,一九九九年还有了《男女共同参画社会基本法》。这都是因为曾经被认为反体制和异端的女性主义思想，即建立能够保护女性、儿童乃至男性的社会的观点，得到了政府、地方自治体和整个社会的广泛接纳。但是，依旧有人对女性主义中至关重要的"男女平等"这个词存在过敏反应，因此这个观点被替换成了"构建男女共同参与规划社会"。另外，第三章讲到的"男性气质"与"女性气质"的性别区分遭到批判，"社会性别"（gender）这个概念也已经被国家和地方自治体所接纳。此外，二〇〇〇年出台了《儿童虐待防止法》和《跟踪管制法》[1]，二〇〇一年出台了《DV防止法》。《护理保险制度》也在二〇〇〇年正式启用，使得本来被划分为女性职责的护理变成了全体国民共同支持的事业。我在本书中提出的诉求，正在一点一点地体现在法律条款中，这无疑是可喜的变化。

在年轻又幸福的时期，很少有人会感受到法律的重要性。但是到了有事的时候，这些为女性出台的新法律将会给我们带

1　经过多年对《跟踪管制法》的大幅修正，2017年日本全面施行《反跟踪骚扰法》。（编辑注）

来极大的帮助。尽管这些法律都不算完善，利用法律的人也并非没有问题。即便如此，这些新的法律仍旧是女性生存的强大靠山。

不仅是法律，各种各样的集体改变其内部规章，都能让女性的生活变得更轻松，帮助她们增强自身的能力。

比如现在活跃在世界赛场上的日本女子职业高尔夫球手越来越多，是因为日本女子职业高尔夫球协会的樋口久子会长不问职业与业余，只凭实力定胜负，参考美国的机制推进了规则改革。

有人说，日本女性变强了，优秀的女性变多了。但是，女性本来就强大而优秀，丝毫不比男性逊色，只不过是因为身在男性优先的世界，女性沦为了第二性，其人生被局限在照顾男人之上，得不到发挥才干的机会罢了。

然而，即使在只有女性的世界能够发挥实力，当女性来到家庭和企业等与男性共处的环境时，她们还是会被当作男性的辅助角色，至今未能摆脱受到歧视的状况。

我有一个在企业上班的小友曾指出："在直接关系到公司盈利的部门，女性也能升职加薪了。因为不管别人说什么，数字绝不会说谎，男人只能被迫认可女性的实力。只不过到了不与数字挂钩的间接部门，就别想看到女性管理者。如果没有数字作为参考，男上司通常会倾向于给男员工更高的评价。"

日产的社长兼CEO戈恩表示："到二〇〇七年末，要保证日本国内的日产管理岗位女性占比从现在的百分之一点六提升到百分之五。"索尼的新任会长兼CEO霍华德·斯金格也说："索尼应该有所改变。我们要重视年轻有为的人才，重新定义索尼。"尽管如此，有能力的日本女性还是没能发挥出全部的力量。

虽然数量不多，但是也有公司像日冷公司那样，把原本仅占百分之一点二的女性管理岗增加到了百分之五，践行了"积极行动"的原则。[1]

事实上，大幅增加女性管理岗的公司，其业绩也在不断提升。[2] 女性歧视是人力资源的浪费，也是日本国乃至日本国

---

[1] 来自《关于企业的女性活用与经营业绩之关系的调查》，日本二十一世纪职业财团于二〇〇四年三月发布。（原书注）

[2] 来自二十一世纪职业财团于二〇〇三年的调查（日本经济新闻报，二〇〇五年六月九日早刊）。（原书注）

以爱为名的支配

民的巨大损失。政府与国民都应该正确认识到这个问题，并做出更多的行动。

虽说也要改善越来越明显的少子化倾向，解决劳动力不足这个迫在眉睫的难题，但政府更应该在这个时候充当女性的后盾，不断推进育儿支援和保障女性工作权利等制度的改革。

二〇〇五年四月，以兼顾工作和育儿为目标的《次世代育成支援对策推进法》（次世代法）全面施行。企业被赋予了社会责任，"支持兼顾"的重要性得到关注，保障女性安心工作的企业股份得到投资信托的青睐，这也可以称为一股正面的风潮。[1]可见，女性身边的环境正在不断发生变化。

人们的意识的确不会在短时间内发生剧烈的变化。

在变化的过程中，现实与意识会不断重复"背离与同步"的趋势。有的女性正在积极培养高度的职业意识，但有的人看起来似乎发生了"意识的倒退"。但是可以说，这些都是进化巨轮中的一些小小波澜。

---

[1] 来自《朝日新闻报》，二〇〇五年四月七日早刊。（原书注）

世界就像走在旋梯之上，有时好像看见了相同的风景，但其实已经比过去更上一层楼了。

曾经没有丈夫的批准就什么地方都去不了的中年女性，现在因为喜欢裴勇俊，为了得到关于他的消息而学习使用电脑，为了看他一眼而到韩国去追星。

曾经的女性运动员结婚生子之后理所当然地选择引退，现在则有人自信地说出："姓田村摘金，姓谷也摘金，当了妈照样摘金。"[1]

女性有了想要什么就说出来的力量，也开始发声要求得到与自己实力相符的评价。此外，她们还有了坚持自身事业的意志，而为了帮助她们贯彻意志，政府和社会整体也开始一点点改变了对女性的态度。

这几十年来，女性和男性的生活方式选项急剧增加。每个人都能根据自己的心情大幅改变生活，甚至改变户籍上的性别。

---

[1] 日本女子柔道运动员田村亮子（婚后改名谷亮子）说的话。如其所言，她两次摘得奥运金牌，并在产子后的二〇〇七年获得世界柔道锦标赛金牌。（译者注）

以爱为名的支配

心理咨询渐渐普及，越来越多的人开始审视自己的成长经历。

许多人挑选对自己而言更好走的地方，走的人多了，道路自然形成。所以在未知的将来，也许已经有了许多能够让女性选择的道路。

也许有的人会因为没有走在"正道"上而怀有罪恶感，但现在已经到了必须用自己的脑子去思考什么才是"正道"的时代。希望本书能够成为激发这一思考的契机。希望所有女性都培养起自信，变得更放松，快乐地享受人生。

另外，我希望那些认为女性歧视已经不存在的幸福之人也读读这本书，从截然相反的视角审视人生，应该会更幸福。最后，我希望十年后读到这本书的人能够说："原来十年前大家都被这么多东西束缚着。跟那时相比，现在的社会更适合女性生活了！"

田岛阳子

二〇〇五年十月

给我们带来幸福的女性主义

田岛阳子女士是日本颇具代表性的女性主义者之一，因出席讨论节目《北野武的电视擒抱》而获得了极高的知名度。时间是二十世纪九十年代，刚刚进入平成时代。当时我不知道女性主义者是什么，也不知道女性主义是干什么的，但是在观看节目上的唇枪舌剑的过程中，渐渐被植入了"女性主义者＝田岛阳子"的概念。而那个概念，也渗透到了普通人中间。

因为她实在太吸引人了。冬菇头、戴眼镜，低沉而冷静的声音明确表达着她的思想，即使面对北野武也毫不退让。除了讨论进入白热化阶段时的冷峻表情，她那最适合用"嘎哈哈"来形容的爽朗笑容也同样令人印象深刻。在那个电视节目影响力惊人的年代，她那前所未有的强大个性转眼之间就传遍了整个日本。她的人气之高，甚至让她走上了广告、电视剧和电影的舞台。一位在大学教授英国文学和女性学的女性主义者，能够走到银幕上与各路艺人竞相展示个性，成为名人的一员——如此超凡的成就，堪称前无古人、后无来者。

这么一看，那个时代似乎比现在还要发达。然而，当时又有多少人能真正理解田岛阳子的发言，并给予肯定和接纳呢？不用说，当时的我完全不懂。电视这一巨大的权威所展示的正面形象，始终是摄影棚里占了绝大多数的大叔辩论者。田岛阳子总是充当与那群人对立的反派角色。连女性都不支持她，而是跟男性一起嘲笑她。这种近似于霸凌的构图，一直清晰地残留在我的记忆中。

我身为无知大众的一员，自然顺应了摄影棚的导向，随着他们的话语哈哈大笑，从未产生怀疑。不仅如此，在她为女性说话、支持女性的时候，我甚至从未意识到那个"女性"也包括了我自己。我放弃了用自己的头脑思考，被电视节目玩弄于股掌之上，最后只记住了"北野武这句话说得真妙""不愧是北野武"。这种表现形式，已经成了节目的一个定式。

给我们带来幸福的女性主义

就这样，包括我在内的节目观众把女性主义者与田岛阳子等同起来，对女性主义者产生了负面的印象。

二〇〇一年，田岛阳子成为参议院议员，不知不觉淡出了大台的电视节目，但是若被问到"请说出一个女性主义者的名字"，绝大多数人的答案想必都是"田岛阳子"。没错，她现在仍是日本最出名的女性主义者。

话虽如此——在我自己的女性主义意识终于觉醒，开始对女性学的书籍产生兴趣时，我却一次都没想过："我来看看田岛阳子的书吧！"不知为何，我接触到的女性主义跟田岛阳子的女性主义之间，似乎存在一条鸿沟。我明明买了好多女性主义的书，古典书和新书都看遍了，就是没碰过田岛阳子的书。更奇怪的是，即使我已经消除了内心对女性主义的偏见，对田岛阳子的印象还是跟以前一样倾向于负面。由此可见，她在我心中留下的烙印是何等深刻。

但是正因如此，在我读完她的著作后，多年的误解消弭了。

在电视节目上出名，被动成为千夫所指的人，这是在田岛阳子人生中突然发生的，既不算好也不算坏的意外。她是一

以爱为名的支配

位拥有高度分析能力、喜欢做研究的大学教授，也是一个通过恋爱经历克服了童年阴影的理性之人。纵使伤痕累累，她也始终坚持活出自我。面对这么一个坦率的人，谁又能真的讨厌她呢？从我第一次在电视上看见田岛阳子女士，到现在已经过去了二十多年，经过如此大的时间差，我终于喜欢上她了。

这个转变源于社交网站。有一次，我偶然看到了关于田岛阳子的发言。那条发言的大致内容是：大家都误会她是"没有男人要的女性主义者"，其实她的恋爱经验丰富，甚至跟欧洲贵族后裔也谈过恋爱，至于大众眼中的形象，只是电视节目刻意打造出来的，看了她的书就知道事实并非如此。于是，我就去买书看了。她的书几乎都绝版了，要在二手书店才能买到。我先看了电影评论集《女主人公为何被杀死》(讲谈社+α文库，单行本书名为《胶片中的女人》)，立刻为之折服。竟有这么多以女性视角观看会让人感到异样的电影名作。那本书尖锐而细致地解读了这个问题，其观点之新颖、不畏男性主义大胆剖析之畅快，尤其是那"现代化"的感官，让人很难相信竟是三十年前的书籍。我兴奋难耐，马上拿起了下一本书，它就是《以爱为名的支配》。

给我们带来幸福的女性主义

《以爱为名的支配》自一九九二年由太郎次郎社出版以后，持续畅销了很多年。二〇〇五年，讲谈社还将其做成了文库本。你现在看到的这本书，就是文库本的再版。

单行本与文库本虽然在内容上相同，但有一个很大的不同。单行本刊登了许多田岛阳子出演电视节目的照片，包括她在演讲中的种种表情，以及略显羞涩又调皮的姿态。那些照片生动地保留了矗立于时代中央的意气风发的女性形象。她的姿态并没有突出女性气质，但也没有刻意表现男性气质，她只是遵从自我的、彰显了"个性"的田岛阳子。

她如何获得了"个性"？田岛阳子在这本书中坦白了自己的人生经历，揭露出自己经历过的痛苦，没有一丝掩饰。她直面了自己的幼年经历、母女关系，以此为出发点，讲述了自己发掘痛苦根源的过程。她使用温柔的话语，经过反复雕琢的叙述结构和大胆不羁的比喻，深入浅出地阐明了女性歧视的结构性因素，甚至揭穿了社会道德与规范、文化与美学的女性歧视的本质。可以说，这是田岛阳子女性主义的范本。

对我们来说，"身为女人就要遭到歧视"好似覆盖天空的乌云。它那么自然，那么理所当然，也正因如此，我们才很难对其产生疑问，很难发现这个问题。一旦觉醒了就会不由自主地意识到，原来全世界各个角落都隐藏着对女性的歧视。掌握了共同话语的人们能够在瞬息之间心意相通，许多女性学的书籍都以这点为前提。

然而，这本书的厉害之处在于，它并没有局限在狭小的范围内，只对能听懂的人诉说。它面对的反而是那些丝毫没有注意到"乌云"的存在，但是已经尝透了女性之苦的人。"知识会带来痛苦。谁都不愿意承认自己受到了歧视……首先，要知道自己的处境，我认为这才是救赎的第一步。"本书在开篇处就表明了这将是一次伴随着痛苦的阅读体验，最后又总结道：希望广大女性能够在知道和直面自己的处境之后，"都培养起自信，变得更放松，快乐地享受人生"。如此温暖的女性主义书籍，在别处恐怕很难见到。

这是依靠自己的力量摸黑探索，终于完成自我疗愈的人，基于自我的体验总结出的实战性的女性主义。这本书大方地展示了其分析的过程和探索的成果，希望能被更多女性派上用场，让更多的人得到幸福。它面对的是所有女性，不分高低。人生中偶尔会遇到读完了忍不住紧紧抱在怀中的好书，而它，

给我们带来幸福的女性主义

就是其中之一。

看完这本书后,我发起了一场草根运动,向每个人推荐《以爱为名的支配》。若是有人问:"你最近看到什么好书没?"我一定会说:"看了,田岛阳子的书!"如果对方略显迟疑地问:"啊……田岛阳子?"我就会迫不及待地解开她的误会。一些人的反响很不错,另一些则有些微妙。其中反应最为热烈的,就是同为作家的柚木麻子女士。除此之外,就是刚刚成立了女性主义出版社"ectbooks"的编辑松尾亚纪子女士。她向我发出邀请,请我担任女性主义杂志《ect. Vol. 2》的责任编辑,还在二〇一九年五月发售并获得了许多好评的《Vol. 1》下期预告中打出了"山内麻里子&柚木麻子责编《We Love 田岛阳子!》特辑"。

在我们二十几岁时,女性主义曾遭遇过逆风。许多年轻人从懂事之初就生活在经济不景气的社会,长大后身陷就职冰河期,不得不手足无措地站在卷闸门紧闭的社会入口。与此同时,社会也在一点点走向保守。我们高举着成就自我的人生标语,却始终寸步难行,而下一代的女孩子似乎把我们视作了反面教材,纷纷开始憧憬成为家庭主妇。那也不怪她们,毕竟就算想自立，也只能在非正式雇佣的岗位上过着贫穷的蹉跎岁月。二十世纪女性打开的未来，在进入二十一世纪的那个瞬间轰然关闭了。而就在那个时候，我们的女性主义意识觉醒了。

了解女性主义后，我们就会明白女性是一体的。我们仅仅因为身为女性，就成了彼此的姐妹。最让人感动的是我们意识到彼此在时间线上相连的瞬间。明治、大正、昭和、平成，生活在这些时代，现实中未曾谋面的女性，一直与歧视做斗争的女性，是她们披荆斩棘，一步一步扫平了前路，才有了我们的今天。既然知道了这个事实，我就不想变成躺平享受别人为我争取的权利、自己不愿出半点力气的狡猾之人。

我在取材的过程中见到了已经七十多岁的田岛阳子女士，她至今仍在出演读卖电视台的讨论节目，积极活跃在第一线。除此之外，她还是一名香颂歌手，在书法艺术的领域也尽情发挥着自我，过着繁忙的生活。她毫不傲慢，表里如一，幽默风趣，浑身散发着阳光的能量。她不仅健谈，也很会倾听，一点都不死板，遇到自己不了解的年轻人词汇，她会十分坦率地问："那是什么意思？"她精神世界的年轻也体现在了外表上，她姿态挺拔，步履轻盈而快活，多彩的服装十分衬托她的气质，整个人容光焕发。用一句话来形容，她就是个让人感到很舒服的人。然而一个这么好的人，竟然至今仍被许多人误解……

现在就是消除那个误解的时候。

田岛阳子身为日本最出名的女性主义者，却长年得不到相应的评价。现在用二〇一九年的价值观重新审视她，又会发现什么呢？

新潮文库能够再版这本书，是个天大的好消息。借此机会，我希望更多的人能看到这本好书，希望田岛阳子的想法能够传达到更多人心中。

我衷心希望每个读者都能刷新对田岛阳子的印象，使其升级为更加正面的东西。这是为了她的名誉，但也不仅仅是这样。重新正确评价这位红人级别的女性主义代表，是为了让女性主义摆脱负面的诅咒，也肯定可以让全体日本女性得到祝福。

山内麻里子

令和元年八月（二〇一九年八月）

文治
磨铁图书旗下子品牌

更 好 的 阅 读

出 品 人　沈浩波
特约监制　潘　良　于　北
产品经理　苟新月
特约编辑　张亚一
版权支持　冷　婷　金丽娜　李孝秋
营销支持　金　颖　于　双

关注我们

官方微博：@文治图书
官方豆瓣：文治图书
联系我们：wenzhibooks@xiron.net.cn